Gerichte garniert mit Geschichten

Juliana von Stockhausen

Gerichte garniert mit Geschichten

Rezepte und Reminiszenzen

DEUTSCHE VERLAGS-ANSTALT STUTTGART

Gesetzt aus der Monophoto-Garamond-Antiqua
Schutzumschlaggestaltung: Edgar Dambacher
Gesamtherstellung: Deutsche Verlags-Anstalt GmbH, Stuttgart
Printed in Germany. ISBN 3 421 **01578** 3

Inhalt

Die Dame Lauredana
oder
Entenragout venezianisch

Im Frühsommer des Jahres 1859 lagerte das Regiment Kaiserjäger unterhalb Vallarsa in einer der zahllosen Schleifen der sich durch das Gebirge windenden Etsch. Man befand sich somit im nördlichen Italien, um genau zu sein, in den Lessinischen Alpen, einer Gegend, mit deren Vor- und Nachteilen bereits Ostgoten und Langobarden nähere Bekanntschaft gemacht hatten, ganz zu schweigen von den Landsknechthorden, die sich durch die Etscher Klause in die reiche Ebene ergossen hatten.
Zu dem Zeitpunkt, zu dem diese Geschichte spielt, war Italien dabei, die Fesseln der österreichischen Herrschaft, die es so lange getragen hatte, ein für alle Male zu sprengen. Das Land befand sich von einem Ende zum andern im Kriegszustand; die piemontesische Befreiungsarmee und die mit ihr verbündete französische Streitmacht waren vom Süden her im Anmarsch gegen die sich im Raum von Mantua konzentrierenden Österreicher. Überfälle patriotischer Freischärler und weniger patriotischer, dafür in Guerillamethoden um so erfahrener Briganten waren an der Tagesordnung. Die unglücklichen Einwohner, denen im Lauf der Jahrhunderte hinreichend Gelegenheit geboten worden war, sich über die Folgen der Auseinandersetzungen feindlicher Armeen und schießwütiger Banden klarzuwerden, waren allenthalben dabei, sich vor diesen Folgen in Sicherheit zu bringen. Die Ortschaften lagen verödet, Handel und Wandel waren zum Erliegen gekommen.
Die Kaiserjäger, denen der Zufall einer mangelhaften Befehlsübermittlung zu der Rast unterhalb Vallarsa verholfen hatte, genossen in dem anmutigen Gebirgstälchen in vollen Zügen die Ruhe vor dem Sturm.
Das Regiment Kaiserjäger, stolz auf seine Tradition und den an seine Fahnen gehefteten Ruhm, betrachtete sich als eine Elitetruppe und das zu Recht; seine Bravour, Ausdauer und Disziplin galten als vorbildlich.
So war es nicht verwunderlich, daß der Kommandeur in siedenden Zorn

geriet, als ihm gemeldet wurde, einige bei Vallarsa aufgefundene Planwagen seien nicht nur der Gespanne beraubt, sondern noch dazu aufgebrochen und geplündert worden.

Nachdem der Oberst sich soweit erholt hatte, daß er kühlerer Überlegung fähig war, was eine gute Weile dauerte, da er über einen außerordentlichen Vorrat an Kraftausdrücken verfügte, befahl er einem der jüngeren Offiziere, dem Hauptmann Graf G., sich unverzüglich an den Tatort zu begeben, die Angelegenheit zu untersuchen und alle ihm geeignet erscheinenden Maßnahmen zu ergreifen, um die Ordnung wiederherzustellen.

Der Hauptmann nahm sich einige Leute zu seiner Unterstützung mit und zog los. Es währte nicht lange, und sie stießen auf die mit hochgestellten Deichseln und aufgerissenen Planen seitlich der Straße gestrandeten Wagen.

Der Offizier schwang sich auf das zunächst stehende Gefährt, um sich vom Umfang des angerichteten Schadens zu überzeugen, und fand sich zu seiner Bestürzung inmitten antiker Möbel, übereinandergestapelter Gemälde und Skulpturen, Kostbarkeiten, die eindeutig dem Zugriff des Feindes entzogen werden sollten. Die Überlegungen des Hauptmanns, wie und auf welche Weise er die Kunstwerke retten könne, führten zu keinem Resultat, es blieb nichts, als die Sachen in die Karren zu packen und die Planen erneut darüber zu befestigen.

Der Offizier wandte sich unschlüssig zum Gehen, und wie zufällig fiel sein Blick auf das Porträt einer jungen Frau in der Tracht der Jahrhundertwende. Die Züge schienen ihm vertraut, er beugte sich vor, um das Bild genauer zu betrachten, und erkannte in der Dargestellten seine eigene Großmutter, die Donna Lauredana; und da war auch die Rose, die der österreichische Diplomat und kaiserliche Bevollmächtigte, sein Großvater, der Dame Lauredana zugeworfen hatte. Mit einer Rose hatte die Geschichte begonnen, eine Familienromanze, die sich kurz nach dem Frieden von Campoformio abgespielt hatte, in jenen Tagen, als das stolze Venedig samt den Provinzen Istrien und Dalmatien Österreich anheimgefallen war.

Der kaiserliche Bevollmächtigte, Seine Exzellenz Graf G., hatte sich sterblich in die Tochter eines der ältesten Adelsgeschlechter Venedigs verliebt und, da an eine Einwilligung der Familie nicht zu denken war, das Mädchen entführt. Der Skandal hatte den Haß des venezianischen Adels zu lichterlohen Flammen angefacht und die Karriere des verliebten Diplomaten vorzeitig beendet.

Merkwürdig; der Hauptmann betrachtete das Bild, und dabei überkam ihn immer stärker das Gefühl, die Lauredana erwidere seinen Blick. Es war, als ob die eben noch puppenhaft starren Lippen sich bewegten, die Hand mit der Rose sich von der Leinwand löse und ihm entgegenstrebe. Das Ganze war eine Täuschung, hervorgerufen durch das Dämmerlicht, das unter der Plane herrschte.

Der Hauptmann vergaß die Episode. Der Marschbefehl war eingetroffen, zugleich mit den ersten, noch ungenauen Nachrichten über ein unglücklich verlaufenes Treffen bei dem Ort Custozza. Höchste Eile war geboten, das Regiment strebte unter größtmöglicher Beschleunigung durch das zerklüftete Terrain der Ebene zu. Das Wetter war abscheulich, die Wege kaum zu passieren, und immer wieder kam es zu Schießereien mit den im Hinterhalt liegenden Freischärlern. Der Oberst ließ eine Vorausabteilung zur Rekognoszierung vorrücken, Hauptmann Graf G. wurde angewiesen, die vor der Truppe liegenden Schluchten am Monte Baldo auszukundschaften. Die Nacht war hereingebrochen, als der Hauptmann und seine Leute durch eine überwölbte Einfahrt in den Innenhof eines auf halber Berghöhe gelegenen Kastells einritten, wo sie abstiegen und die Pferde am kurzen Zügel nahmen.

Schwärzer als die sie umgebende Dunkelheit ragten Türme und Mauern des Schlosses vor ihnen auf. Nirgends war Licht, die Stille wurde nur durch das Fauchen des Windes und den Schrei der Käuze unterbrochen.

Einer der Männer donnerte an das Portal, und nach geraumer Weile erhellte sich eines der schießschartenartig in die Mauern eingelassenen Fenster, das Licht wanderte weiter von Luke zu Luke, schließlich öffnete ein hemdsärmeliger Kerl das Tor. Der Hauptmann erklärte, daß er für sich und die Mannschaft Quartier beschlagnahme und Stallung und Futter für die Pferde benötige. Wieweit der Mann das zusammengestoppelte Italienisch des Offiziers begriff, blieb offen, die Rippenstöße der Kaiserjäger waren ihm jedoch durchaus verständlich.

Sichtlich widerstrebend duldete er schließlich die Unterbringung der Pferde in einem kellerartigen Gelaß, dann trottete er stumm vor den Eindringlingen her zum Haus und in eine riesige, bis auf den Lichtkreis der Laterne im Finstern liegende Halle. Der Hauptmann befahl, im Kamin Feuer anzuzünden, und begann, den von den auflodernden Flammen erhellten Raum zu besichtigen.

Gotisch gewölbte Spitzbögen verloren sich im Dunkel, Schatten huschten über die Mauern und krochen aus den Ecken. Die Kaiserjäger hockten neben ihren Tornistern, das Gewehr auf den Knien, jederzeit bereit, aufzuspringen und anzuschlagen. Ihre Blicke folgten der schlanken Gestalt des Offiziers, der umherwanderte, da und dort stehenblieb, sich suchend umblickte.

Die Halle war kahl, bis auf eine zufällige Anhäufung von Möbeln und Bildern, so daß sich dem Betrachter der Gedanke aufdrängte, sie müsse erst kürzlich ausgeräumt worden sein. Gleich darauf entdeckte er das Porträt der Lauredana, und es ging ihm auf, daß sich die hier fehlenden Gegenstände nirgends anders als in jenen Planwagen an der Straße nach Vallarsa befanden. Das Porträt war künstlerisch weniger vollendet als jenes andere, auch fehlte die Rose, aber unzweifelhaft war es seine eigene Großmutter, Donna Lauredana. Den Finger leicht auf die Lippe gelegt, lächelte sie auf ihn herab.

Noch ehe G. sich von seiner Überraschung erholt hatte, öffnete sich eine Tür in der Täfelung, ein Herr in Abendkleidung, violettem Frack und geblümter Seidenweste, trat ein und ging langsam, als koste es ihn große Überwindung, auf den Offizier zu. Graf G., überzeugt, den Schloßherrn vor sich zu haben, grüßte und entschuldigte in französischer Sprache sein Eindringen mit den Kriegsumständen. Im Augenblick, als er sich vorstellte und seinen Namen nannte, hatte es den Anschein, als verließe den Schloßherrn die Beherrschung, seine Augen flammten auf, das Blut stieg ihm in die Schläfen.

Aber noch ehe der Hauptmann Zeit fand, sich über die Ursache dieses Betragens schlüssig zu werden, öffnete sich abermals die Türe, und zwei Jünglinge, sichtlich die Söhne des Hauses, näherten sich steif grüßend.

Inzwischen brachte ein Diener, in dem der Hauptmann unschwer den Kerl erkannte, der ihn eingelassen hatte, brennende Silberleuchter und begann, den an der Stirnwand der Halle stehenden Tisch zu decken.

Abermals glitt die Türe auf, und nun erschien eine Dame in weit gebauschter Krinoline; den Gast völlig ignorierend, rauschte sie an ihm vorüber.

Es war unmißverständlich, er hatte es mit italienischen Patrioten zu tun, die in dem österreichischen Offizier den Vertreter einer verhaßten Macht sahen, aber ihre abweisende, feindselige Kälte richtete sich ausdrücklich auch gegen seine Person.

Der Hauptmann faßte den Schloßherrn schärfer ins Auge, und eine

verschwommene Erinnerung stieg in ihm auf. In dem dunklen, hakennasigen Gesicht schienen sich auf schattenhafte Weise längst verschwundene Züge abzuzeichnen. So unverständlich es auch war, den Offizier überkam immer stärker das Empfinden, er habe dies alles schon einmal vor langer Zeit erlebt. Umsonst versuchte er, das seltsame Gefühl von sich abzuschütteln, es als ein Spiel seiner durch Strapazen und Gefahren überreizten Einbildungskraft abzutun. Als sich der Hausherr einen Schritt zur Seite wandte und nun neben dem in gleicher Höhe mit seinem Kopf hängenden Bild der Lauredana stand, war die Ähnlichkeit so groß, daß kein Zweifel blieb. Der Hauptmann erkannte mit absoluter Bestimmtheit, daß er sich einem Mitglied jener venezianischen Familie gegenüber befand. Im selben

Moment, in dem er sich vorgestellt, mußte der Schloßherr begriffen haben, wer sein Besucher war. Nichts war vergessen, am wenigsten die Schmach, die diesem stolzen Geschlecht einst angetan worden war.
Das Diner wurde aufgetragen, man setzte sich zu Tisch. Der Hauptmann löffelte in einer Art nervöser Geistesabwesenheit die Suppe, isoliert inmitten der sich wie in konzentrischen Kreisen um ihn ausbreitenden Spannung. Schon begann er zu bereuen, seine Leute zum Essen in die Küche geschickt zu haben. Seine Unruhe nahm zu, er glaubte Geräusche zu vernehmen, Schritte, das Klirren von Waffen, oder waren es nur die schlürfenden Tritte des alten Dieners, der die Teller wechselte und die Vorspeise, *Eier à la Parma*, servierte?
Der Diener trug das Hauptgericht auf. In seine Überlegungen verstrickt, führte G. die Gabel zum Mund, kostete und entsann sich, bisweilen bei gewissen festlichen Anlässen in seinem großväterlichen Haus diese Speise, ein *Entenragout*, vorgesetzt bekommen zu haben. Zugleich überkamen ihn Erinnerungen an Gespräche und Anspielungen, die er bei solchen Gelegenheiten gehört hatte, so wie er jetzt die eine oder andere Bemerkung erhaschte, die der Hausherr mit seinen Söhnen tauschte.
Es ging offenbar um die Entenjagd in den Lagunen von Venedig, um die Verwendung hölzerner Lockenten, die das Wildgeflügel täuschten und in den Tod lockten. Mit zynischer Belustigung spielte der Venezianer auf das Ragout an, das der Diener herumreichte, erwähnte die Zutaten, denen er in raffinierter Weise politische Bedeutung unterlegte: „Trüffeln aus dem freien Savoyen, Zitronen aus Sardinien, Cayenne aus Frankreich!"
Allmählich erkannte der Offizier, daß seine Gastgeber wider Willen einen ganz anders gearteten Besuch erwartet hatten, der durch sein Auftreten vereitelt worden war. Das Diner, die angesichts der Kriegsverhältnisse viel zu üppige Speisenfolge, war nicht für ihn bestimmt gewesen.
Womit wurde gerechnet? Wozu hatte man das Schloß halb ausgeräumt? Wer war es, auf den man wartete? Sollten sich hier Verschwörer ein Stelldichein geben, sich eine Bande von Freischärlern sammeln, die einen Überfall auf das Regiment planten, wenn die Truppe in auseinandergezogener Formation die Hohlwege und Schluchten unterhalb des Kastells passierte? In diesem merkwürdigen Spiel schoben sich zwei Figurengruppen übereinander, die hier angesagten Guerillas und die von ihm geführten Männer. Die Rebellion gegen die österreichische Herrschaft deckte sich mit dem privaten Haß gegen ihn.

Der Hauptmann war fast schon überzeugt, mit seinen Leuten in eine Situation geraten zu sein, die ihnen höchst gefährlich werden konnte, als der Schloßherr, der erkannt hatte, daß die Herausforderung zu weit getrieben war, den Ton wechselte und zu plaudern begann.
Der Hauptmann stutzte, drehte den Kopf und erblickte für die Länge eines Atemzugs an Stelle des Gastgebers die Dame Lauredana. Den Finger auf den Lippen, blickte sie ihn an.
Die Warnung durchzuckte ihn wie ein galvanischer Stoß. Er schnellte hoch. Schon im Aufbruch wandte er sich noch einmal dem Bild zu. Die gemalten Augen sahen ausdruckslos ins Leere.

In den Aufzeichnungen des Regiments über den Verlauf des Vormarsches hieß es, ein von Hauptmann Graf G. geleiteter Spähtrupp habe sich aus der Umklammerung einer starken Guerillabande zu lösen vermocht; die sogleich eingeleiteten Gegenaktionen seien erfolgreich verlaufen.

Eier à la Parma

Man bestreiche eine flache Auflaufform dick mit Butter und bestreue sie ebenso herzhaft mit geriebenem Parmesankäse, worauf man vorsichtig acht frische Eier aufschlage und nebeneinander in die Form gleiten lasse. Dann bestreue man sie mit etwas Salz und feinem weißem Pfeffer, übergieße sie mit einem viertel Liter süßen Rahms, streue wiederum Parmesan auf und bedecke das Ganze mit kleinen Butterflöckchen. Man backe bei mäßiger Hitze eine halbe Stunde lang.
(Für vier Personen.)

Entenragout venezianisch

Die zugerichtete Ente reibe man mit Salz ein, dämpfe sie mit Butter und wenig Wasser halb weich, wobei man darauf zu achten hat, daß sie nicht braun werde und sich nicht einfallen lasse, etwa zu braten. Deshalb gieße man im Notfall etwas Fleischbrühe nach. Erscheint sie halb weich, nehme man sie heraus und lasse sie abkühlen. Derweilen hat man den Entensaft mit zwei Löffel Mehl verrührt und mit etwas Wasser abgelöscht. Nun reibe man ein bis zwei Zwiebeln in die Soße und gebe Cayenne-Pfeffer, Zitronensaft und Worchestersoße hinzu. Zuletzt verfeinere man das Ganze mit einigen Scheiben geschnittener und in Rotwein gedämpfter Trüffeln. Die inzwischen abgekühlte Ente schneide man in schöne Stücke und lege sie in die Soße. Mit einem Glas Madeira darf man das Gericht vollenden.
(Für vier Personen.)

Die Macht der Töne
oder
Gamsbraten nach Ludwig Ganghofer

Der Morgen war vorgeschritten, der Tau verdampfte, als der Baron, gefolgt von Philipp, seinem Jagdaufseher, aus dem Wald zurückkehrte. Nachdem der Mann das Reh im Keller aufgehängt und die Leber in der Küche abgeliefert hatte, begab er sich zur Entgegennahme weiterer Befehle in das Schreibzimmer des Barons, einem mit Gehörnen, ausgestopften Auerhähnen, Fischreihern und Raubvögeln dekorierten Raum, in dem es durchdringend nach Havannazigarren, kräftig nach Hunden und etwas weniger intensiv nach Kognak und Eau de Cologne roch.

Auf dem Schreibtisch lagen die soeben eingetroffenen Briefe und unterm Schreibtisch die Hunde. Der Baron warf sein pilzförmiges, verwittertes Jägerhütchen aufs Sofa, zum Entzücken des Dackels, der sich übertrieben unschuldsvoll in der Ecke zusammengerollt hatte und nun, die Nase am Hut, die wundervollen Gerüche seines Herrn einschnupperte. Der Baron steckte sich eine Zigarre an, tat den ersten genußvollen Zug, ließ sich am Schreibtisch nieder und begann, seine Post durchzublättern. Die Hunde, genötigt Platz zu machen, quetschten sich an seinen ausgestreckten Beinen vorbei, lagerten schweifwedelnd um den Stuhl und berochen die Stiefel. (Rehschweiß, Hasenlosung, Mäusedreck, Lederfett.)

Der Baron bemächtigte sich der Zeitung, überflog den Leitartikel, knurrte: „Maulhelden, Schlappschwänze“, was sich auf die Regierung bezog, und: „Vaterlandslose Gesellen“, womit die Sozialdemokraten zur Strecke gebracht waren. Nachdem er sich solcherart Luft gemacht hatte, warf er einen Blick in die Jagdzeitung *Wild und Hund* und kreuzte mit dem Rotstift den einen oder anderen Passus kräftig an; dies getan, griff er zum Papiermesser, schlitzte den Briefumschlag auf und zog das Blatt heraus.

Im selben Maß, wie er sich in den Inhalt des Schreibens vertiefte, wuchs seine Erregung. Das Blut schoß ihm ins Gesicht, die Augen blitzten, und die Nüstern blähten sich, was seine ohnehin beträchtliche Nase noch größer erscheinen ließ. Er schleuderte den Brief auf den Tisch, schlug mit der Faust auf die Platte, daß Tintenfaß, Siegellack, Federn und Bleistifte tanzten, und donnerte: „Das Kursbuch, Philipp! Sapristi, wird's bald! Das Kursbuch will ich."

Der Jagdaufseher, längst mit den Temperamentsausbrüchen seines Herrn und Meisters vertraut, stellte in aller Ruhe die Gewehre ab und schloß den Schrank. „Wozu braucht der Herr Baron das Kursbuch, wenn man fragen darf?"

„Herrgottsdonnerwetter noch einmal, weil wir, du und ich, nach Bayern fahren. Hol den Kognak, dir auch einen."

Der Jagdaufseher schlug den geschnitzten Deckel einer Truhe auf, in der sich nicht etwa Dokumente und Lehensbriefe befanden, wie nach dem schwungvoll eingebrannten Spruch „Fromm und feudal" anzunehmen gewesen wäre, sondern die eine wohlassortierte Sammlung von Schnäpsen und Likören in sich barg.

„Einschenken", kommandierte der Baron. „Morgen mit dem Frühesten geht's ins Gebirge."

„Bin so frei", Philipp trank, wischte sich den Mund, räusperte sich einige Male, ehe er mit der Frage herausrückte: „Und wer, wenn der Herr Baron mir sagen möchten, füttert derweil unsern Schuhu?"

Der Schuhu, zoologisch Bubo bubo, diente dem Baron zur Krähenjagd, seiner besonderen Liebhaberei. Zu diesem Zweck wurde der Uhu von Zeit zu Zeit aus dem Bretterverschlag im Park, in dem er sein Dasein fristete, herausgeholt, in einen Deckelkorb gesteckt und zur Jagdhütte transportiert, wo er, auf einer Stange angekettet, durch sein wütendes Knappen und Kollern sämtliche in der Gegend beheimateten Elstern und Krähen in den Tod zu locken hatte.

„Wird sich finden." Der Baron war nicht gewillt, sich den Kopf über die Beschaffung von lebenden Mäusen zu zerbrechen, um die kulinarischen Ansprüche seines Uhus zu befriedigen. Hatte Philipp immer noch nicht begriffen, daß es zur Gemsjagd ging?

„Mit Gemsen hab ich meiner Lebtag nix zu schaffen gehabt, wie Herr Baron wissen, als nur, was so bei uns 'rumspringt, Reh, Hasen, Fuchsen."

Der Baron winkte ab, eine Geste, die keineswegs dem Kognak galt, wie der Jagdaufseher scharfsichtig erkannte.

„In meiner Jugend . . .", der Baron spielte träumerisch mit dem Gläschen, „zwanzig, fünfundzwanzig Jahre ist das jetzt her, hab' ich meinen ersten

Gamsbock erlegt, in Tirol, und das hab' ich dem Ganghofer auch geschrieben." Und mit Stentorstimme: „Weißt du eigentlich, wer der Ganghofer ist?"

„Wenn's nur der Herr Baron weiß."

Der Baron wußte es. Blind und taub für alles, was um ihn her vorging, verschlang er Ludwig Ganghofers Romane, fortgerissen vom Fluß der Erzählung, ergriffen vom Schicksal verfolgter Unschuld, empört über die Schliche ausgekochter Bösewichte.

Indes kann nicht geleugnet werden, daß es in erster Linie die Jagdpassion

und in zweiter Linie die Literatur war, die den berühmten Verfasser des *Klosterjägers* und der *Martinsklause* mit dem Baron aus dem Odenwald verbanden.

„Ein Meisterwerk, mein verehrter Freund und Waidgenosse", hatte der Baron geschrieben, als er die Lektüre des *Klosterjägers* beendet hatte. „Das Herz ist mir aufgegangen, als ich las, wie Ihr famoser Jäger in der Felswand steht und zum Schuß auf die Gams kommt . . ., mir war, als ließe ich selbst die Kugel fliegen."

Beide, der Autor und der Baron, waren sich einig in der Liebe zur Natur, was für sie so viel hieß, wie vor Tau und Tag den Auerhahn anzusitzen; zu „Okuli, da kommen sie . . ." die Schnepfen herunterzuholen, sobald der erste Stern am Abendhimmel aufblitzte; auch waren sie einer Meinung, wie auf die Wildsau gehalten werden mußte, zwischen die Augen, versteht sich. Sie fanden sich ebenso auf andern Gebieten, beide schätzten eine erlesene Küche und wußten präzise, wie der *Schnepfendreck* zubereitet und angerichtet werden muß. Sie schworen darauf, daß es keineswegs genüge, die Rotweinbeize des sorgfältig abgesengten *Wildschweinkopfs* (. . . man sende um den Schmied!) mit Karotten, Zwiebeln, Pfefferkörnern und ähnlichen ordinären Küchengewürzen anzureichern, vielmehr gehörten Wacholderbeeren und frische Tannennadeln dazu. Ganghofer trat allerdings für Latschennadeln ein. Sie verehrten feurig das zarte Geschlecht, wobei sich der Autor mehr künstlerische Freiheiten herausnahm, als der Baron sich, zu seinem Bedauern, erlauben durfte.

Es wäre schwer zu entscheiden gewesen, wer von den beiden über die feinere Weinzunge verfügte. Der Baron, ein hünenhafter Mann – sechs Fuß, fünf Zoll –, vertrug zwar mehr, aber das glich sich aus, da der Dichter, wie seine Werke bewiesen, dem andern an Geisteskräften überlegen war.

„So, so, du fährst zum Ganghofer", sagte die Baronin, die unter dem Rascheln ihrer Taftunterröcke in die Schreibstube getreten war.

Mit der Lautlosigkeit des geübten Waldgängers schloß Philipp den Deckel der alkoholhaltigen Truhe.

„Auf die Gamsjagd, Mathilde, der Philipp begleitet mich." Der Baron zwirbelte seinen Schnurrbart, eine Verlegenheits- und Ablenkungsgeste, denn erst jetzt kam ihm zu Bewußtsein, daß nicht nur der Uhu, sondern auch ein halbes Dutzend Hunde versorgt werden mußten.

„Laß meine Joppe einpacken, Mathilde, die mit den Hirschhornknöpfen, die Kniehosen, ein paar Flanellhemden, das tut's."

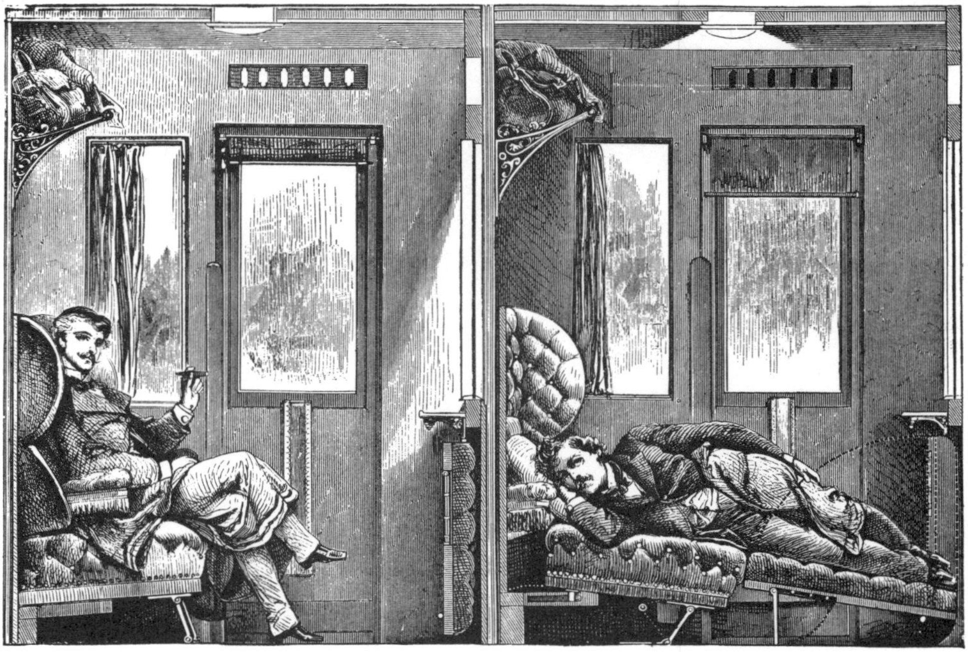

„Und den Frack natürlich. Du kannst nicht ohne Frack zu Ganghofers. Sie werden ein großes Jagdessen geben, genau wie das letzte Mal, als ich zum Glück das Gelbseidene dabei hatte. Erinnere dich an den *Hasen im Topf*, zu dem das *pikante Käsegebäck* gereicht wurde! Und an das Hauptgericht, den *Gamsbraten nach Ganghofer*, gut abgehangen, aber kaum Hautgout und zart wie Butter. Zum Dessert wurde die köstliche *Bavaroise* serviert."

Der Baron vermochte sich beim besten Willen weder an den gut abgehangenen Gamsbraten noch an das Dessert zu erinnern. Er murmelte schwach, daß es sich damals um keine Jagd, sondern um eine gesellschaftliche Einladung gehandelt habe.

Mathilde lächelte resigniert: „Bring mir wenigstens die Menükarte mit."

„Und Gamsgrandeln, wenn ich zu Schuß komme; ich laß dir die Dinger zu Weihnachten in Brillanten fassen."

Mathilde, die bereits in Brillanten gefaßte Auerhahnkieseln und Hirschgrandeln ihr eigen nannte, hatte das Gefühl, sie könne auf die Gamsgrandeln verzichten.

Der Personenzug aus dem Odenwald zockelte unter beträchtlicher Rauchentwicklung über Lauda gen Würzburg, ohne auch nur eine einzige der fünfundzwanzig Stationen auszulassen. Der Schaffner turnte über die Trittbretter der Coupés erster und zweiter Klasse zu den Abteilen der dritten, um endlich in der vierten für Reisende mit Traglasten pflichtgemäß die Fahrkarten zu kontrollieren.

Der einzige Passagier . . ., eine Standesperson, die es sich im roten Plüsch der ersten Klasse komfortabel gemacht hatte, drückte dem Schaffner ein erkleckliches Trinkgeld in die Hand und ersuchte darum, einen dritter Klasse reisenden Mann in Jagduniform bei der Ankunft in Würzburg sogleich nach vorn und zu ihm zu dirigieren.

Die Fürsorge kam nicht von ungefähr: wie mancher seiner Zeitgenossen hatte auch der Jagdaufseher noch nie im Leben eine Eisenbahn von innen gesehen.

In Würzburg angelangt, ergab sich, wie zu erwarten, ein längerer Aufenthalt, den Herr und Diener bei einem Glas bayerischen Biers in der Restauration hinbrachten.

Als der Expreßzug nach München einlief, war er so besetzt, daß der Baron Mühe hatte, einen bequemen Platz zu finden. Mit wachsender Sorge beobachtete er, wie sich der Zug, je näher München rückte, von Station zu Station stärker füllte. Es war, als habe sich halb Bayern verschworen, in die Hauptstadt zu fahren. Und so verhielt es sich auch, denn nicht nur die Gamsjagd war auf, auch das Oktoberfest begann.

Das Oktoberfest war eine unvorhergesehene Komplikation. Dem Baron schwante, daß es weniger einfach sein werde, als er angenommen hatte, den Jagdaufseher unter den Aussteigenden auf dem Perron in München zu finden. Dabei blieben zum Umsteigen in den letzten nach Tegernsee abgehenden Anschlußzug nur wenige Minuten, eine Frist, die ohnehin zum Sturmschritt zwang.

Es war soweit, der Expreß lief ein. Der Baron schwang den Rucksack auf den Rücken, packte das Futteral, in dem die Gewehre steckten, hängte sich den Jagdstock an den Arm und sprang vom Trittbrett. Von allen Seiten gestoßen und bedrängt, landete er in einem Menschengewühl, das zu gleicher Zeit einem auf dem Gegengeleise stehenden Zug entquoll.

Jede Hoffnung, Philipp in den sich heranwälzenden Massen zu entdecken, schien zu schwinden, als der Baron, von einer blitzartigen Erleuchtung überkommen, das Jagdhorn von der Hüfte riß, an die Lippen setzte und Halali blies.

Der Ton spaltete die Menge wie eine sich durchs Holz fressende Säge. Und schon stürzte Philipp durch die vor ihm aufbrechende Lücke an die Seite seines Herrn.

„So erweist sich die Macht göttlicher Töne, die euch wie einst den Griechen Arion aus der Bedrängnis an den sichern Strand geführt“, sprach Ludwig Ganghofer, als er mit seinem Freund und Waidgenossen zu später Stunde beim Wein saß. „Hm“, der Baron brummte, außerstande, dem Höhenflug des Dichters zu folgen. „Macht der Töne, wie man's nimmt, der Spaß hat mich drei Mark Buße gekostet . . . grober Unfug, hat's geheißen.“

Schnepfendreck

Aus den Eingeweiden des Vogels bereite man den sogenannten Schnepfendreck auf folgende Art: Die Eingeweide (außer dem Magen) werden sehr fein gewiegt, ebenso Petersilie und Zwiebeln samt einem Fingerbreit Speck, und mit einer Prise Salz, zwei ebenfalls gewiegten Sardellen, drei Eidottern, zwei Löffeln sauren Rahms, zwei bis drei Löffel (hundert Gramm) Reibbrot, ein wenig fein geschabter Zitronenschale, drei zerdrückten Wacholderbeeren, einer Prise Muskatnuß in heißer Butter dicklich gedämpft.

Dies getan, schneidet man Weißbrot oval zurecht, bäckt es schön gelb in Butter, tut auf jede Scheibe von dem Schnepfendreck einen Löffel voll, bettet es auf eine feuerfeste flache Form und bäckt etwa zehn Minuten bei Mittelhitze.

Wildschweinskopf (nach Creszentia Böhrer, 1838)

Man sende um den Schmied und lasse den Kopf über starkem Feuer mit glühendem Eisen gehörig absengen, worauf man ihn über Nacht in kaltes Wasser lege. Am nächsten Tage beine man den Kopf aus, nehme das Fleisch heraus und mache mit diesem und etwas von dem Fleisch des Schlegels sowie einem Kilo Räucherspeck eine feine Farce, gebe Salz und Gewürze hinzu und stopfe dies Gemenge in den Kopf; auf die Farce bette man zunächst eine Gansleber, dann eine gekochte Ochsenzunge, die Zunge des Wildschweins, Trüffel nach Belieben, in Streifen geschnittenen Speck, einige Sardellen, gebe als letztes den Rest der Farce darauf, biege den Kopf zurecht und nähe ihn zu. Dann schließe man ihn in ein reines Tuch und verschnüre dieses sorgfältig, damit er die Form behalte, gebe ihn in einen großen Topf, die Hälfte Wasser, die Hälfte Rotwein, so daß er ganz überspült ist, vergesse auch nicht das nötige Salz, Gewürznelken, Pfeffer, Lorbeerblätter, Wacholderbeeren, Zwiebeln, Salbei, Majoran, Gelberüben, Petersilienwurzel, Zitronenschnitze und Tannennadeln und koche nun den Kopf langsam sieben bis acht Stunden lang. Man lasse ihn danach im Sud erkalten. Endlich löse man das Tuch, garniere den Kopf mit Fleischgelee und Zitronen und serviere mit einer Wacholderbeersauce.

Wildschweinskopf (einfach)

Man sende den Kopf zum Schmied, um ihn über starkem Feuer und mit glühendem Eisen gehörig absengen zu lassen; wasche ihn rein, schneide die Haut vom Ober- und Unterrüssel los, mache vor der Stirn einen Einschnitt, damit die Schwarte nicht aufplatze, und lasse ihn über Nacht im Wasser liegen, um ihn von dem durch das Sengen entstandenen Geruch zu befreien. Man hülle nun den Kopf in ein reines Tuch, die Ohren gut angelegt, und verknüpfe das Tuch. So lege man denselben in einen entsprechend großen Kochkessel, bedecke ihn mit zwei Teilen Wasser, einem Teil Essig, gebe Salz hinzu, schäume ihn gut und lasse ihn mit reichlich Zwiebeln, Pfefferkörnern, Nelken, Lorbeerblättern, Salbei, Thymian und Rosmarin vier bis fünf Stunden langsam kochen, bis er fast weich ist, worauf man ihn in der nun schwächer kochenden Brühe nachweichen lasse. Man hebe den Kopf heraus, putze die Ohren, ziehe die Haut von der Zunge und lasse erkalten.

Vor dem Anrichten schneide man zunächst die schwarze Haut unten am Halse weg, verziere die Schüssel mit Petersilie, Zitronenscheiben, Roten-Rüben-Scheibchen, hartgekochten Eiern, Gürkchen und stecke eine Zitrone in den Rüssel. Der Kopf wird mit einer Sauce diable zur Tafel gegeben.

Hase im Topf

Hundertfünfzig Gramm Butter, zwei in feine Scheiben geschnittene Zwiebeln, Salz und Pfeffer, ein Pfund in Scheiben geschnittenes Schweinefleisch, ein Pfund ebenfalls in Scheiben geschnittenes Hasenfleisch schichte man in Lagen in eine fest schließende Kasserolle, dämpfe es kurz an, gieße ein reichliches Glas Rotwein hinzu, schließe die Kasserolle und lasse das Gericht langsam bei schwacher Flamme weich schmoren.

Kurz vor dem Anrichten mag man die Brühe mit einem Löffel voll gut aufgelöstem Kartoffelmehl etwas binden.

(Für vier bis sechs Personen.)

Käsegebäck

Hundert Gramm Butter, hundert Gramm Mehl, hundert Gramm Quark, Salz, Kümmel, eine Prise Pfeffer verarbeite man gut miteinander, welle mit dem Nudelholz aus wie Blätterteig, also etwa auf einen halben Zentimeter Dicke, steche mit einem Weinglas Formen aus, setze sie auf ein bemehltes Backblech, bestreiche sie mit Eidotter und backe sie bei mittlerer Hitze rasch goldgelb.

Gamsbraten nach Ganghofer

Der Schlegel der Gams wird gehäutet, leicht eingesalzen, in ein entsprechend großes Geschirr gelegt samt Zwiebeln, Thymian, Gewürznelken, Wacholderbeeren, einer in vier Teile zerschnittenen Zitrone; mit heißem, leicht gewässertem Essig übergossen, zugedeckt und an einem kühlen Ort aufbewahrt. Nach vier bis fünf Tagen herausgenommen, gespickt, auf Speckscheiben gelegt, mit einer Zwiebel, einem Lorbeerblatt, Pfeffer und Salz nochmals gewürzt, mit einem halben Liter Rotwein und einem viertel Liter sauren Rahms übergossen, mit einigen Schwarzbrotscheiben umlegt und im Rohr unter öfterem Begießen mit Wein und Rahm bei guter Hitze weich und saftig gebraten.

Man rechne mindestens drei gute Stunden! Die Sauce wird mit etwas in kaltem Wasser aufgelöstem Kartoffelmehl angedickt, durch ein Sieb gerührt, nochmals aufgekocht, abgeschmeckt und sehr heiß angerichtet.

(Für zehn bis zwölf Personen.)

Orange Bavaroise

Man benötigt hierfür eine Zitrone, vier Orangen, ein halbes Pfund Zucker, sechs Eigelb, eine Flasche Weißwein, zwei Päckchen Gelatine, einen halben Liter Schlagsahne.

Man reibe den Zucker an den (ungespritzten) Orangen gründlich ab, dann rühre man langsam die Eidotter sowie den Wein unter den Zucker, gebe den ausgepreßten Saft der Orangen und der Zitrone hinzu und schlage die Masse auf dem Feuer so lange, bis sie dickt, lasse jedoch keinesfalls kochen. Nun gieße man die indessen gut aufgelöste Gelatine hinein und rühre nochmals durch. Man nehme die Creme vom Feuer und ziehe die geschlagene Sahne darunter, gieße sie in eine hübsche Schüssel und stelle auf Eis.

(Für sechs bis acht Personen.)

Hosen im August
oder
Über die Herstellung süßer Cremes

Die Häuser lagen, nur durch eine Hecke getrennt, nebeneinander; große, hochherrschaftliche, reichlich mit bunten Glasfenstern und Erkern versehene Villen, zu denen Pferdestall und Remise gehörten.
Der Major bewohnte mit seiner Familie „Villa Waldesruh", Herr Mayer und seine Schwester, das Fräulein Rosa Mayer, residierten in „Haus Immergrün".
Im Stall der Villa Waldesruh stampften des Majors Reitpferde, wohingegen Herr Mayer ein Automobil in der Wagenremise stehen hatte und, wie ein unangenehm durchdringender Geruch verriet, Benzinfässer und Ölkannen im Stall aufbewahrte. Denn Herr Mayer, ein wohlsituierter Geschäftsmann, der sich von seinen Unternehmen zurückgezogen hatte, hielt es mit dem Fortschritt.
Die Pferde des Majors, deren Sinn für Fortschritt entschieden unterentwickelt war, keilten und stiegen, wenn das Automobil ratternd und schnaufend der Remise entwich wie Fafner aus der Höhle und einen Schweif stinkender Auspuffgase hinter sich ließ.
In der Stadt C. besaß außer Herrn Mayer einzig und allein der Herzog ein Automobil, und das wurde nur gebraucht, wenn die englischen und russischen Verwandten, der Prince of Wales oder der Großfürst Cyrill von Rußland, es sich einfallen ließen, ihren Vetter, den Herzog, mit ihrem Besuch zu beglücken.
Herrn Mayers Automobil haftete somit etwas Überhebliches, um nicht zu sagen, Protziges an. Ein Eindruck, der, wie billigerweise zugegeben werden muß, keineswegs beabsichtigt war, so wenig wie eine gewisse Schnoddrigkeit in Herrn Mayers Benehmen.
Dafür konnte Herr Mayer nichts, denn er war aus Berlin; dies erklärte alles, das Automobil, den Fortschrittsglauben, die liberalen Ansichten, die kaltschnäuzigen Redensarten.

Um nur ein Beispiel zu nennen, scheute Herr Mayer nicht davor zurück, von Seiner Majestät als dem „Hipp-Hipp-Hurra-Willi" zu sprechen, was Fräulein Mayer veranlaßte, die Augen gen Himmel zu werfen und „Bedenke, von wem du sprichst, Fritz!" auszurufen.

Fräulein Rosa in grauem Lüster, sonntags in perlgrauer Seide, eine Brillantnadel im Spitzenjabot, hielt nichts von der Demokratie und noch sehr viel weniger von den Roten, worunter die Sozialdemokraten zu verstehen waren. Fräulein Rosa war eine überzeugte Monarchistin, sie nannte Kirche und Adel die Stützen des Throns und genoß es von Herzen, wenn der Major, sobald er sie zwischen den Rosenstöcken ihres Gartens entdeckte, die Hand an der Mütze, militärisch grüßte.

Fräulein Mayer hätte viel darum gegeben, mit Majors gesellschaftlich zu verkehren, statt sich mit freundlichen Bemerkungen über die Hecke hinweg begnügen zu müssen. Sie schwärmte für die Majorin, „eine entzückende Frau und gar nicht hochgestochen!"; sie bezeichnete den

Major als das Urbild eines deutschen Offiziers und nahm gerührt Handkuß und Knicks der beiden Töchter entgegen: „Reizend wohlerzogene Mädchen!“

Aber so herzlich die Beziehungen waren, sie blieben unveränderlich auf den Austausch solcher und ähnlicher Höflichkeiten beschränkt. Der Standesunterschied bildete eine zwar unsichtbare, aber unüberschreitbare Grenze; Majors zählten zur ersten Gesellschaft und Mayers nicht, was die Situation zur Genüge erklärt.

Die über den Liguster hinweg getauschten Plaudereien drehten sich ums Wetter, um den Ärger mit der Weißnäherin oder ein besonders delikates Rezept. Fräulein Rosa hielt wenig von Suppen – Fritz war ohnehin zu „stark“ –, es sei denn, eine leichte bekömmliche wie die *Vögelesuppe;* dafür hatte sich das Fräulein auf süße Speisen spezialisiert. Irrtümlicherweise erblickte Mayer in diesen duftigen Delikatessen keine Gefahr für seinen Leibesumfang.

Fräulein Rosa erlaubte sich, der lieben Frau Majorin dann und wann eine Kostprobe hinüberzusenden, begleitet von einem Rosenbukett; auch zögerte sie nicht, das Rezept der *Pistazien-Creme*, der *Rosa-Creme* oder das von *Märzenschnee* der Majorin auszuliefern, ja, sie verriet ihr sogar das lange gehütete Geheimnis von *Rouge et Noir*.

Die Situation veränderte sich erst, als es nicht mehr um solche Lappalien ging oder um die Sorgen wegen einer schlechten Note im Französischen, die das Hannerl heimgebracht hatte; Hannerl war ein verträumtes Geschöpf, nichts im Kopf als Gedichte.

Je weiter der Sommer fortschritt, der Juli sich dem August entgegenstreckte, um so ernster wurde der Tenor der Gespräche. Eines Tages war es soweit, die Mobilmachung wurde befohlen! Die Majorin ging mit rot verweinten Augen umher, selbst die riesigen Mohnblüten auf ihrem Hut bekamen ein welkes Aussehen; der Major hielt sich mehr in der Kaserne als zu Hause auf; das Hannerl rezitierte bei offenem Fenster: „Frisch auf, mein Volk, die Flammenzeichen rauchen . . .“ (ein Gedicht, das Herr Mayer als poetischen Kohl bezeichnete). Die Pferde wurden frisch beschlagen, der Militärschneider lieferte die vorschriftsmäßig feldgraue Uniform, und die Hausmädchen nähten Goldstücke in die Säume, für den Fall, daß der Major (was Gott verhüte) verwundet in Feindeshand fiele.

Der Krieg war erklärt und auch schon ausgebrochen; Regiment um Regiment wurde verladen und rollte in endlosen Zügen gen Westen.

Der Herzog stellte in patriotischer Aufwallung der Armee seinen Marstall zur Verfügung und sehr bald sollte der elegante Viererzug an Stelle der Galakutsche Krupps Kanonen ziehen.
Die Herzogin legte die Rote-Kreuz-Tracht an und übernahm die Leitung des zum Lazarett umgewandelten Krankenhauses; aufopferungsbereit, wenn auch gänzlich unerfahren.
Schluchzend stand die Majorin mit den Töchtern am Gartentor, während der Major aufsaß und, gefolgt von seinem Burschen mit den beiden Reservepferden, davonritt.
Denn der Major war zum Kommandeur eines in der Nachbarstadt garnisonierten Regiments befördert worden, das von dort aus in wenigen Tagen verladen und nach Belgien abgehen sollte. Lüttich war gefallen, die Siegesglocken läuteten, der Herzog ließ Viktoria schießen, überall wehten Fahnen, und die Kinder hatten schulfrei.
Nur Herr Mayer fühlte sich nicht erhoben, er fand, wie er seiner Schwester anvertraute, „ein Haar in der Suppe". Der Einmarsch in Belgien war und blieb ein Völkerrechtsbruch, und dafür würde man eines Tages zu bezahlen haben, so wahr er Mayer hieße.
Ansichten, die Fräulein Rosa entrüstet von sich wies; sie sah im Geist den Herrn Major in schimmernder Wehr, hoch zu Roß an der Spitze seines Regiments, und da konnte man getrost auf Gott vertrauen und auf den Sieg bauen.
Noch war es nicht soweit, aber dann lief ein Telegramm ein, in dem der Major mitteilte, daß der Truppentransportzug einen mehrere Stunden währenden Aufenthalt in dem Ort Gerstungen haben werde, und vielleicht könne es die Majorin ermöglichen, mit den Kindern hinzugelangen.
Die Majorin wußte sich keinen andern Rat, als mit dem Telegramm in der bebenden Hand zu Mayers zu eilen. Wußte Herr Mayer vielleicht, wo der Ort lag und wie sie dorthin kam? Herr Mayer schleppte Andres Handatlas herbei und stellte nach einigem Suchen fest, daß G. unter normalen Umständen mit Bummelzügen und mehrmaligem Umsteigen zu erreichen war. Aber die normalen Umstände hatten sich in Kriegsumstände verwandelt, die Bummelzüge waren stillgelegt, die Bahn für die Truppentransporte reserviert.
Herr Mayer überschlug die Entfernung, berechnete seinen Benzinvorrat und erklärte sich bereit, die Majorin samt Töchtern im Automobil nach Gerstungen zu bringen.

Der Majorin sank das Herz, aber mit heldenhafter Entschlossenheit willigte sie ein, allerdings unter der Bedingung, daß Fräulein Rosa sie begleite, denn Krieg hin, Krieg her, es wäre überaus unschicklich gewesen, ohne Chaperon mit einem Herrn im Automobil über Land zu fahren.
Fräulein Rosa zögerte keinen Augenblick, und so rollte das Automobil, Herr Mayer am Steuer, die Damen komfortabel auf den Rücksitzen, Hannerl und Elschen ihnen gegenüber auf einem Klappbänkchen, aus der Stadt und dem fernen Ziele zu.
Die Sonne brannte, die Kornfelder flimmerten im weißen Glast, Staubschwaden quollen unter den Rädern auf und hüllten das Automobil in Wolken. Herr Mayer schwitzte nach seinen eigenen Worten wie ein Stabstrompeter; die Damen schwitzten nicht, sie „transpirierten". Die zum Schutz gegen Sonne und Wind über die Hüte gezogenen, unterm Kinn verknüpften Schleier klebten ihnen an den Wangen.
Erntewagen schwankten dem Automobil entgegen, erschrockene Bauern kämpften mit durchgehenden Gespannen. Die Damen bebten und beteten, denn es war nicht zu verkennen, daß die Bauern plötzlich eine gefährlich drohende Haltung einnahmen. Es ging Herrn Mayer, der bereits Gerüchte von der wie Masern oder Röteln grassierenden Spionenfurcht vernommen hatte, auf, daß man sie, ihn, Mayer und die Damen für Spione hielt; Fritze Mayer mit diesem russischen Windhund, dem Großfürsten Cyrill, verwechselte. Womöglich genoß er die zweifelhafte Ehre, für einen der englischen Vettern des Herzogs angesehen zu werden. Mayer zog die Bremse, der Wagen kam zum Stehen.
In diesem kritischen Augenblick rettete Hannerl die Lage. Hannerl deklamierte mit ausgedörrt krächzender Stimme:
„Wo liegt Paris? Paris dahier! Den Finger drauf, das nehmen wir! Ich denke, der Champagnerwein wird, wo er wächst, am besten sein!"
Markige deutsche Verse, die kein Großfürst je über die Lippen brachte.
„Bravo", sagte Herr Mayer und schaffte es, das Automobil wieder in Gang zu setzen.
Die Sonne stand schon schräg, als die Majorin, den Rock mit beiden Händen hochgerafft, über die Bahngeleise dem Major geradewegs in die ausgebreiteten Arme trippelte. In den offenen Schiebetüren der Viehwagen, „Sechs Pferde oder dreißig Mann", drängten sich die Soldaten Kopf an Kopf. Rote-Kreuz-Helferinnen rannten mit Kaffeekannen und Körben voll Gebäck. Der Major umarmte Gattin und Töchter, küßte Fräulein Rosa die

Hand und schlug Herrn Mayer herzhaft auf die Schulter. Die Damen schluchzten, Herr Mayer zerdrückte eine Träne, der Zug ruckte an, der Major winkte aus einem Abteilfenster zweiter Klasse, und die Soldaten sangen: „Lieb Vaterland, magst ruhig sein."

Inzwischen war es dunkel geworden, und es blieb nichts, als einen Gasthof aufzusuchen, in dem man die Nacht verbringen konnte. Peinlicherweise stellte es sich heraus, daß die Damen genötigt waren, zusammen mit den Mädchen ein Zimmer zu teilen.

Erst als Hannerl und Elschen in den Unterröcken dastanden und vergeblich nach ihren Nachthemden fragten, begriffen die Damen, daß sie vergessen hatten, ihre Nachtsachen einzupacken.

Geniert und bis unter die Haare errötend, blickten sie einander an, zauderten, knüpften die Blusen auf, lösten die Röcke, schlüpften aus den Knopfschuhen, streiften schließlich sogar die schwarzen Strümpfe von den Beinen, standen endlich in ihren langen, röhrenförmigen Hosen inmitten des Zimmers und hatten nichts, nicht einmal eine Nachtjacke, ganz zu schweigen von einem Frisiermäntelchen oder einem Matinee, um ihre bloßen Schultern und Arme zu bedecken.

So konnten sie sich unmöglich schlafenlegen; es war nicht auszudenken, was der Major, was Herr Mayer sagen würden, erführen sie je von einer solchen Kalamität!

Fräulein Rosa zerrte verschämt an den Bändern der Hose, die Röhren raschelten von ihren zum Glück vom Hemd überwallten Hüften.

Die Majorin schrie leise auf. Fräulein Rosa nahm die Hosen, steckte die Arme in die spitzenbesetzten Röhren und verschlang die Bänder über der Brust.

Die Majorin, die sofort den wahrhaft einmaligen Wert der Erfindung erfaßte, folgte dem Beispiel. Hannerl wurde von Fräulein Rosa angewiesen, desgleichen zu tun und ihre sprossenden Knospen, lieblich, wenn auch recht provokant, solcherart zu verhüllen.

Hannerl kicherte und drehte Fräulein Rosa ihre Rückfront zu. Erschüttert erblickte das Fräulein ein Wäschestück, das die verborgensten Gebiete des weiblichen Körpers kokett betonte. Hannerl trug keine Röhrenhosen, Hannerls Höschen waren mit einer durch Knöpfe versehenen Klappe geschlossen.

Rokokohosen, eine Mode, die nur einer verderbten Phantasie entsprungen sein konnte!

Wohin trieb Deutschland, wenn junge Mädchen einer derart lasziven Mode verfielen? Fräulein Rosa ächzte und barg ihr schamrotes Gesicht unter der Bettdecke. Zum erstenmal nagte der Zweifel an der gerechten Sache an ihrem von den Hosen keusch verhüllten Herzen.

Vögelesuppe

Man rühre hundert Gramm Butter schaumig, ziehe ein Ei darunter und vermenge dies mit in kleine Würfel geschnittenen Brotstückchen gut, worauf man die Masse sacht in kochende Fleischbrühe einfließen lasse.

Pistazien-Creme

Sechs Eigelb rühre man mit hundertfünfzig Gramm Zucker schaumig, füge einen halben Liter Schlagsahne sowie ein halbes Gläschen Arrak darunter; zuletzt gebe man ein Päckchen nach Vorschrift aufgelöste weiße Gelatine hinein, fülle in eine hübsche Kristallschüssel und streue geschälte und geriebene grüne Pistazienkerne darüber.
(Für vier bis sechs Personen.)

Die Rosa-Creme

Man verrühre einen halben Liter sauren Rahms, zweihundert Gramm Zucker, Saft einer Zitrone recht gründlich, hierauf gebe man ein Päckchen nach Vorschrift aufgelöste rote Gelatine darunter, fülle die Creme in eine hübsche Schüssel und stelle sie kalt. Vor dem Anrichten verziere man sie mit Schlagsahne.
(Für vier Personen.)

Märzenschnee

Ein halber Liter Schlagsahne, Saft und Schale einer Zitrone, achtzig bis hundert Gramm Staubzucker, ein Päckchen nach Vorschrift aufgelöster Gelatine nebst einem halben Gläschen Arrak werden sorgsam verrührt; dann fülle man die Speise in eine Kristallschale und stelle sie kalt.
(Für vier Personen.)

Rouge et Noir

Ein Liter Schlagsahne wird mit einem viertel Pfund Staubzucker, einem kleinen Löffelchen Vanillezucker und zwölf fein geschnittenen Makronen vermischt, worauf man vorsichtig ein Päckchen Sahnesteifer daruntermischt. Der so zubereitete Rahmschnee wird in drei Teile geteilt; der eine Teil bleibt weiß, unter den zweiten ziehe man behutsam hundertfünfundzwanzig Gramm in etwas Wasser aufgelöste Schokolade, den dritten färbe man mit roter Kochfarbe, wie in Konditoreien oder Drogerien erhältlich, notfalls nehme man Erdbeer- oder Himbeersaft. Man lasse die drei Partien gerade so lange stehen, bis sie eben zu stocken beginnen, dann fülle man eine Puddingform lagenweise erst weiß, dann rot, schließlich schwarz mit der Masse, stelle sie einige Stunden, wenn es angeht, ins Gefrierfach des Kühlschranks, sonst nur in den Kühlschrank. Sowie die Creme kristallisiert, stürze man sie auf eine schöne Platte. Es empfiehlt sich, die Form einige Sekunden vor dem Stürzen in heißes Wasser zu halten, da sich die Masse dann sehr leicht löst.

Die fürstlichen Feinschmecker
oder
Kartoffeln à l'americain

Kartoffeln im Urzustand, in der Schale oder geschält und in Salzwasser gesotten, sind zwar ein bekömmliches, aber überaus bescheidenes Gericht; die Bratkartoffeln können nur wenig höher eingestuft werden, und erst die Pommes de terre frites haben den Sprung über den Graben getan, der sich zwischen der unumgänglichen Beseitigung des Hungergefühls durch Nahrungsaufnahme und der Befriedigung der Gaumenlust auftut.
Die Vielzahl, man ist versucht zu sagen die Unzahl, an Gerichten, die im Lauf der Zeit aus der schlichten Knolle hervorgegangen sind, zeugt für den schöpferischen Genius der Meister vom Kochlöffel.
Die österreichische wie die böhmische Küche scheute nicht davor zurück, die Kartoffel zur Mehlspeiszubereitung heranzuziehen, ein Experiment, bei dem das Gewächs eine Verfremdung erfährt, durch die es gleichsam auf eine andere Daseinsebene gehoben wird. Man denke nur an den Zwetschgen- und Marillenknödel, in dem die Früchte, die hoch über der Erde in Sonne, Wind und Luft gereift sind, sich mit dem im dunklen Schoß der Tiefe entwickelten Erdapfel vermählen. Hier wirkt die geschmacksarme oder, besser gesagt, neutral schmeckende Kartoffel als idealer Mittler für die Obstsüße und verleugnet, mit Zucker und Zimt bestreut, noch dazu ihren eigentlichen Charakter bis zur Selbstaufgabe. Vor der Vergewaltigung, die der Kartoffel in manchen Gegenden durch ein Zusammenkochen mit Birnen angetan wird, schließe man die Augen und hüte seine Zunge.
Als Eduard, Prince of Wales, Erbe der englischen Krone und somit ein Prinz von höchstem Rang, geruhte, die Einladung seines jugendlichen Vetters Ferdinand, des frisch gebackenen Zaren von Bulgarien, anzunehmen, in einem bestimmten Lokal am Alten Hafen in Marseille mit ihm zu speisen (. . . nicht etwa zu essen!), glaubte er seinen Ohren nicht zu trauen, als der Zar *Kartoffeln à l'americain* befahl, wobei er seinen ältlichen Vetter mit einem leicht füchsischen Blick bedachte.

Das Lokal war bescheiden, der Wirt zugleich sein eigener Koch, das Publikum konnte nur als gemischt bezeichnet werden; ein Umstand, der die Fürsten nicht weiter anfocht, da Erfahrung sie gelehrt hatte, daß ein Sumpf oft die Brutstätte zauberhafter Blüten ist.

Ungeachtet des beträchtlichen Altersunterschiedes, fühlten sich der Prince of Wales und der Bulgarenzar in mehr als einer Hinsicht einander freundschaftlich verbunden. Ferdinand von Coburg, der sich erst kürzlich mit Geschick und Courage auf den schwankenden Thron von Bulgarien geschwungen und den Zarentitel angenommen hatte, war um zwanzig Jahre jünger als sein erlauchter Vetter Eduard, der, ein reifer Fünfziger und eine beachtliche Erscheinung, noch immer im Schatten seiner königlichen Mutter Victoria stand.

So war es gewiß verständlich, daß dieser routinierte Vortänzer auf Europas diplomatischem Parkett die ersten Züge des jungen Zaren auf dem unübersichtlichen Schachbrett balkanesischer Politik mit amüsiert-skeptischen Augen betrachtete.

Dafür allerdings waren sich der englische Prinz und der bulgarische Herrscher in der Ablehnung des deutschen Kaisers „Guillaume le Grand", wie der Zar mit unvergleichlicher Malice bemerkte, völlig einig. Nach Ansicht beider Fürsten hatte der junge Kaiser mit der soeben bekanntgewordenen Entlassung Bismarcks eine Entscheidung von unheilvoller Tragweite getroffen. „Schlimmer als ein Fehler, eine Dummheit!" sagte, Talleyrand zitierend, der englische Prinz.
Einig waren sich die Fürsten so gut wie in allen Fragen des Geschmacks. Sie hatten ihre Schneider in London, wo sie sich auch ihre Hemden anfertigen ließen. Es wird zuverlässig berichtet, die Hemden des Zaren wären aus Sofia nach London geschickt worden, um dort gewaschen und gebügelt zu werden, eine Arbeit, die nur in London perfekt ausgeführt werden konnte. Allerdings sahen sich die hohen Herrn außerstande, eine endgültige Entscheidung darüber zu treffen, ob man Schuhe und Stiefel in London oder, wie der Zar behauptete, nur in Budapest anfertigen lassen könne.

Es kann keinen Zweifel daran geben, daß die Herrenmode dem Prince of Wales wie dem Zaren Anregungen verdankte, die nicht hoch genug ästimiert werden können. Mit einem einzigen Senken des Mundwinkels, einer kaum bemerkbaren Geste der Abwehr hatte der Prinz den Bratenrock, die Zugstiefel, das Plastron zur Strecke gebracht und, leidenschaftlicher Sportsmann, der er war, einen neuen Stil kreiert.

Der Bulgarenzar milderte die sportlich herbe Zweckmäßigkeit durch Hinzufügen gewisser orientalisch wirkender Accessoires. So trug Zar Ferdinand zum Sakko und hellen Flanellhosen das Goldene Vlies an einer Edelsteinkette um den Hals, eine Zutat, die den Engländer ebenso schokkierte wie die Marotte des Zaren, die Finger seiner berühmt schönen Hände bis zu den Nägeln mit Ringen zu bestecken.

Beide, der junge wie der ältere dieser wahrhaft königlichen Lebemänner, genossen aus vollen Zügen, jedoch ohne sich je ihrer Würde zu begeben, die verfeinerten Freuden der Liebe wie der Tafel.

Als der Wirt die Vorspeise, *Kartoffeln à l'americain* zu frischen grünen

Heringen, servierte, entspannte sich die gerunzelte Stirn des Prince of Wales. Was sich wie ein Streich angelassen hatte, der die Möglichkeiten diplomatischer Verstimmungen heraufzubeschwören drohte, wurde zur kulinarischen Sensation. Orient und Okzident fanden sich eines Sinnes, noch ehe sie nach Absolvierung einiger weiterer substantieller Gänge bei *Kalbfleisch au saumon* angelangt waren.

Da man Kartoffeln nur in Marseille essen konnte, pflegten sich die beiden Fürsten fortan, wenn sie das Verlangen nach der schlichten Knolle verspürten, in dem Lokal am Alten Hafen zu treffen, um Europas politische Lage zu erörtern.

Die Herkunft des Rezepts blieb unbekannt. Doch liegt die Vermutung nahe, es könne durch einen Schiffskoch aus dem Nordosten der Vereinigten Staaten nach Marseille gebracht worden sein und so der amerikanischen Küche zu einem ungeahnten Triumph verholfen haben.

Kartoffeln à l'americain

Die in den Staaten im Bundesstaat Idaho gezüchtete Kartoffel, die für diese Art der Zubereitung gewählt wird, ist von mehliger Konsistenz und ungewöhnlich groß. Auf die europäische Kartoffel angewiesen, wähle man auf Sandboden gewachsene, möglichst große Knollen. Man bürste sie einzeln ab, setze sie auf ein gefettetes Blech, bestreue sie mit grobem Salz und backe sie eine gute Stunde bei starker Hitze.
Nun nehme man sie heraus, schneide die Schale oben kreuzweise ein, hole mit einem scharfen Löffel das weiche Innere heraus, schlage es zusammen mit einem großen Stück Butter, etwas Salz und einigen Eßlöffeln geriebenen Parmesankäse (eventuell im Mixer), fülle das Gemisch rasch wieder in die Schalen, gebe ein Butterflöckchen obenauf und stelle die Kartoffeln noch einmal für einige Minuten in die heiße Röhre, ehe man sie serviert.

Kalbfleisch au saumon

Vier Pfund Kalbfleisch vom Schlegel, die sogenannte Nuß, wird mit etwas Salpeter und Salz eingerieben, in eine Porzellanschüssel gelegt, nebst Zwiebeln, Zitrone, einem Lorbeerblatt, Petersilie, zwei Nelken, etwas Estragon, einigen Wacholderbeeren, und mit etwa zwei Liter Essig übergossen, worauf man die Schüssel zugedeckt an einen kühlen Ort stellt.
Fünf Tage lang läßt man das Fleisch in der Beize liegen, dreht es nur einmal um, damit es völlig davon durchzogen wird. Am fünften Tage schließlich nehme man es aus dieser Brühe und siede es in einer Mischung von halb Wasser, halb Essig und dem Gewürz der Beize, bis das Fleisch zart, doch keineswegs zu weich ist. Erkaltet wird es in feine Scheiben geschnitten und mit einer kalt gerührten Sauce aus Olivenöl, gewiegten Sardellen, grünen aufgeschnittenen Schalotten begossen, bis alles gut durchdrungen ist, wonach man die Schnitten bei gelinder Wärme etwa eine Stunde in dieser Mischung ziehen läßt, ehe man sie wiederum völlig erkalten läßt und dann hübsch anrichtet. (Für sechs bis acht Personen.)

Vetter Arthurs Affaire
oder
Mousse au saumon chinesisch

Die Generalin hatte das Rezept für ihre berühmte *Mousse au saumon* von ihrem Vetter Arthur geerbt, zusammen mit einigen chinesischen Elfenbeinschnitzereien und einem Paar winziger, kaum spanngroßer Brokatschuhchen, die sie mit andern exotischen Dingen, die er hinterlassen hatte, in ihrer Vitrine aufbewahrte.

„Der gute Arthur, er war ein bemerkenswerter Mensch", pflegte die Generalin mit einem schmerzlich nachschwingenden Unterton zu sagen. Peinlicherweise gelang es ihr nicht, eine leichte Röte zu unterdrücken, die bei der Erwähnung Arthurs ihr hochmütiges Gesicht überzog.

Was immer Vetter Arthur der Generalin bedeutet haben mochte, von ihrer Seite mußte es weit mehr als eine flüchtige Neigung gewesen sein; auch wenn die Generalin sich eher die Zunge abgebissen hätte, als diese Schwäche vor sich selbst einzugestehen. In der Tat war sie nie über das, was sie wegwerfend als „Arthurs Affaire mit dem Chinesenmädchen" bezeichnete, hinweggekommen.

Die Geschichte hatte sich bald nach den Verträgen von Tientsin zugetragen, durch deren Abschluß endlich die Errichtung europäischer Gesandtschaften in Peking garantiert worden war. Die Chinesen hatten sich zähneknirschend gefügt, aber die Erstürmung Kantons, Tientsins und Pekings durch die alliierten englischen und französischen Armeen, die rauchenden Trümmer des auf Befehl Lord Elgins niedergebrannten Kaiserlichen Sommerpalastes hatten den traditionellen Ausländerhaß der Chinesen erst recht entfacht. Das bekam auch die königlich preußische Legation zu spüren, die sich nach Erteilung des Agréments ebenfalls in Peking etabliert hatte.

Wiewohl die Einzelheiten vertuscht worden waren, hatte das Gerücht, der deutsche Militärattaché, Hauptmann W., habe sich mit einer Chinesin eingelassen, den Weg um den halben Erdball bis nach Berlin gefunden.

Über den aufregenden, sich damals in China abspielenden Ereignissen war die Sache so gut wie in Vergessenheit geraten, und als der Militärattaché, Hauptmann Arthur W., Jahre später in Begleitung seines chinesischen Kochs Ah Wong zurückkehrte, erinnerte man sich nur noch ungenau des alten Klatsches.

Allgemein wurde Arthurs verändertes Aussehen bemerkt, seine Haut war gelblich wie Pergament, die ohnehin leicht schiefstehenden Augen schienen noch schräger geworden, und der Schnurrbart hing melancholisch nach unten.

Statt wie seine Kameraden, dem Vorbild des Königs folgend, einen gepflegten Backenbart zu tragen oder wenigstens die modischen Favoris, waren Arthurs eingefallene Wangen glatt rasiert. Auch gewisse exzentrische Gewohnheiten, die Arthur angenommen hatte, fielen unliebsam auf. Freunde, die ihn besuchten, versicherten, Arthur bediene sich beim Verzehren der köstlichen Gerichte – eines darunter, das Ah Wong *Sabayon* nannte, zerschmolz auf der Zunge –, die der Chinese zubereitete, zweier Elfenbeinstäbchen an Stelle von Messer und Gabel, wie von einem königlich preußischen Offizier mit Fug zu erwarten war.

Nicht genug damit, er liege des Abends, in ein Mandarinengewand gehüllt, auf dem Kang, einer Art chinesischer Ruhebank, und lasse sich von Ah Wong seine Opiumpfeifen zubereiten.

Die längliche Elfenbeinbüchse, die Arthur als Opiumdose verwendet hatte und in der die Generalin später ihre Stricknadeln aufbewahrte, verlor nie einen beizend süßlichen Geruch.

Die Generalin war eine Frau von starkem Charakter und so prüde, wie es sich für eine Dame ziemte, die noch dazu die Gattin eines kommandierenden Generals war. Aber erstaunlicherweise gewann sie es auch dann nicht über sich, die Erbstücke wegzuwerfen, nachdem sie über Herkunft und Bedeutung informiert worden war.

Es kam vor, daß sie die Schuhe aus der Vitrine nahm, sie eine Weile ratlos betrachtete, die seltsamen Gebilde hin und her wendete und sie schließlich mit einem tiefen Seufzer zurücklegte.

Nur in einem blieb die Generalin unerbittlich; ihre berühmte Vorspeise, die Mousse au saumon oder Salm in Aspik, wurde nie mehr serviert, und standhaft lehnte sie jeden weiteren Verkehr mit dem französischen Ehepaar ab, das mit andern Gästen an jenem denkwürdigen Abendessen im Haus des Generals teilgenommen hatte.

Die Vorspeise war zum Anlaß der unverzeihlichsten Indiskretion geworden, die sich Madame St. Indre hatte zuschulden kommen lassen.
Madame St. Indre, die Gattin des französischen Attachés, war entzückt gewesen. „Ah, c'est formidable, c'est delicieux", hatte sie beim ersten Bissen ausgerufen, dann ein wenig die Stirn gerunzelt, was ihr, wie sie wußte, allerliebst stand, und sich nachdenklich über die Verwendung von Salm an Stelle von Drachenfisch ausgelassen. In Berlin sei kein Drachenfisch aufzutreiben, dafür könne man in Peking um keinen Preis Salm bekommen ... Arthurs Koch Ah Wong, ein Wunder von einem Koch, habe die Mousse au saumon natürlich mit Drachenfisch zubereitet. Arthur verdanke dem Koch May-lan, sie habe ihre Dienerschaft, Koch und Amah mitgebracht. „May-lan, ah, meine Liebe, May-lan war ein bezauberndes Wesen!" Madame St. Indre küßte die Luft über ihren Fingerspitzen.
So unklar der Generalin die Zusammenhänge waren ..., ihr schwante Fürchterliches.
Hatten Monsieur und Madame St. Indre in Peking gelebt? „Mais oui, mehrere Jahre doch." Die Generalin tastete sich weiter mit dem Gefühl, sich auf brüchigem Eis zu bewegen. Und dieser Arthur, mit dem sie dem Anschein nach befreundet gewesen waren? Für die Generalin hatte es bislang nur einen, ihren Vetter Arthur, in Peking gegeben. Die Hoffnung, es könne sich um einen andern, einen Franzosen oder Engländer des Namens Arthur handeln, schwand unter einem weiteren Redeschwall Madame St. Indres dahin. Die allgemeine Aufmerksamkeit wandte sich ihr zu, niemand wollte sich ein Wort von dieser amüsanten Geschichte entgehen lassen. Die Generalin, die sich Haltung kommandierte und so stracks aufgerichtet dasaß wie ein pommerischer Grenadier, fühlte einen Schmerz, als bohrten sich ihr sämtliche Korsettstangen auf einmal ins Fleisch. Das Korsett krachte denn auch vernehmlich, als sie gequält Luft zu holen suchte. Wer war May-lan? Kein Zweifel, es handelte sich um ein weibliches Wesen.
Madame St. Indre wäre keine Französin gewesen, wenn sie nicht in derselben Sekunde, in der sie die Generalin bis unter die Haarwurzeln erröten sah, die Situation bis ins letzte ausgekostet hätte.
„Oh, la la, Madame, wir waren befreundet, wir nannten ihn nur Arthur, er hatte einen so schwierigen deutschen Namen. Ich hörte, er sei gestorben ...; ein gebrochenes Herz, niemand von uns vermag sich zu wundern. May-lan, la pauvre petite, sie versuchte, ihre Ohrringe zu schlucken, als sie

begriff, daß Arthur sie nicht mitnehmen durfte . . ., eine traditionelle chinesische Methode, um Selbstmord zu begehen. Es war eine Tragödie. Ich habe immer gesagt, bleiben Sie in Peking, Arthur, in Peking haben Sie den Himmel auf Erden. Niemand ist kleinlich hier, in China gewöhnen es sich selbst die Engländer ab, prüde zu tun."

„War er . . . war Arthur mit dieser May-lan verheiratet?" Die Generalin griff nach ihrer Serviette wie ein Ertrinkender nach einem Strohhalm.

„Oh non, es war nicht offiziell, irgendein Arrangement, Sie verstehen, was ich meine. Alles in allem, es waren schlimme Jahre, wir fühlten wie eine Familie auf den Botschaften. Mon dieu, eines Tages – es war damals sehr gefährlich in der Stadt – rettete le cher Arthur einem Chinesen das Leben. Ich erinnere mich nicht, wie es dazu kam, aber so war es. Der Chinese war ein reicher, sehr vornehmer Mann, und das hat er sofort bewiesen."

Madame St. Indre war berühmt für ihr musikalisches Lachen, eine Musik, die der Generalin wie mit tausend Nadelstichen in die Haut drang.

„Sehen Sie, das war so, der Chinese schickte Arthur am nächsten Morgen das Mädchen in einer rot verhangenen Sänfte ins Haus. May-lan, ich schwöre, ich habe nie eine schönere Chinesin gesehen. Als Arthur sie erblickte, war es ein coup de foudre, Liebe auf den ersten Blick. Und bedenken Sie nur, May-lan war noch Jungfrau, der Chinese hatte sie gerade erst kürzlich von ihrem Vater gekauft, einem in Ungnade gefallenen, verarmten Mandarin. Und May-lan hatte noch dazu die allerkleinsten Füße, ‚Goldene Lilien' nennen es die Chinesen. Man hat mir gesagt, daß gebundene Füße für die Chinesen einen besonderen sinnlichen Reiz besitzen."

Noch ehe die Generalin ein „Unmöglich!" über die Lippen brachte, war das Gespräch zu andern Krisenherden im Fernen Osten übergegangen.

Der Kaffee wurde im Salon serviert, und die Generalin begann eben ihre Fassung wiederzuerlangen, als Madame St. Indre vor der Vitrine stehenblieb und mit einem Blick die Schuhchen entdeckte; Schuhchen, die, wie sie sofort erklärte, von den Chinesinnen, die sich ein Baby wünschten, Kannon geopfert werden, der Göttin der Barmherzigkeit.

„Welch ein Segen für May-lan . . . Die Göttin ist unbarmherzig geblieben und hat die Bitte nicht erhört." Madame St. Indres Augen hatten sich mit Tränen gefüllt, ein Umstand, der das allgemeine Interesse am Ausgang der Geschichte noch erhöhte. „Eine sehr chinesische Geschichte." Madame berührte die Schuhe mit dem Fächer. „May-lans ursprünglicher Besitzer

erbot sich nach Arthurs Abreise, May-lan zu seiner vierten Nebenfrau zu machen . . ., eine vierte Nebenfrau ist ein Nichts, meine Liebe, May-lan zog es vor, nach Shanghai zu gehen. Einige unserer jüngeren Herrn pflegten das Haus, ein sehr elegantes, gut geführtes Haus, aufzusuchen, wenn sie nach Shanghai kamen, um eine Tasse Tee mit May-lan zu trinken, was ihr bei ihren neuen Freunden großes Gesicht verlieh.
„Ach“, sagte die Generalin, die etwas von ihrem Seelenfrieden zurückkehren fühlte, „da hat sie also doch noch geheiratet.“
„Ich würde es nicht gerade so bezeichnen.“ Madame St. Indre verbarg ihr Gesicht hinter dem Fächer.

Mousse de saumon chinesisch oder Salm in Aspik

Zunächst löse man ein Päckchen Gelatinepulver in etwas warmem Wasser nach Vorschrift auf. Dann richte man folgende Zutaten her: einen Teelöffel Zitronensaft, einen Teelöffel feingehackten oder getrockneten Dill, einen halben Teelöffel Paprika, einen halben Teelöffel Salz, eine halbe Tasse kochendheißes Wasser, eine halbe Tasse Mayonnaise, eine kleine geriebene Zwiebel, ein Stückchen feingeschnittenen Stangensellleries (zur Not mag als Ersatz ein Stückchen Knollensellerie dienen), zwei Teelöffel Pimentgewürz, eine Tasse sauren Rahms, ein Ei.

Entweder nehme man ein Pfund frischen Salm oder ein Pfund Salm aus der Büchse. Ist dies geschehen und alles bereit, gebe man sämtliche Zutaten samt der aufgelösten Gelatine in den Mixer, drehe ihn zu voller Stärke für die Dauer von vierzig Sekunden und lasse ihn weitere zehn Sekunden langsam quirlen. Alsdann fülle man die Masse in eine Schale oder, so man hat, in eine Fischform und stelle kalt bis zum Servieren.

(Für vier bis sechs Personen.)

Sabayon

Man gieße zwei Tassen Weißwein, eine viertel Tasse Kognak und eine viertel Tasse Wasser in eine Kasserolle und stelle sie ins Wasserbad, das heißt, in einen größeren, mit kochendem Wasser gefüllten Topf. Nun füge man vier Eier sowie neunzig Gramm feinen Zucker hinzu, schlage alles kräftig mit einem Schneebesen, bis die Masse zu stocken beginnt, ohne jedoch zum Kochen zu kommen.

Dann fülle man die Creme heiß oder kalt, je nach Geschmack, in weite Gläser oder hübsche kleine Schalen und serviere.

(Für vier Personen.)

Die gräfliche Walküre
oder
Auerhahn nach Belieben

Es gab nur eine einzige Erklärung, um den Schritt, oder sagte man nicht treffender den Fehltritt, des Grafen X. einigermaßen verständlich erscheinen zu lassen, und das war der Siegestaumel, in dem sich der Graf befand, als er beim Einzug in die den glorreich heimkehrenden Regimentern zujubelnde Stadt ein gewisses Fräulein erblickte. Das Fräulein, eine Blondine, die dem Idealbild einer Germania, Bavaria oder Badenia aufs Haar entsprach, schleuderte Blumen . . . Rosen, Lilien, Nelken auf die siegreichen Helden herab. Graf X., von einem dieser duftenden Geschosse getroffen, blickte auf und in das von holder Glut überzogene Antlitz der Schönen. Er war nicht nur von einer Blume, nein, schlimmer, viel schlimmer, er war von Amors Pfeil getroffen.
Der Graf, der als Kriegsfreiwilliger zu den Fahnen geeilt war, hatte bei Spichern und Wörth gekämpft und sich in der Schlacht bei St. Privat das Eiserne Kreuz verdient. Von da an war's weiter und weiter gegangen über manches Schlachtfeld, bis ins Herz Frankreichs hinein.
Ende gut, alles gut! Der Krieg war gewonnen, das liebe Vaterland, nun ein Kaiserreich, mochte ruhig sein. Der Graf war es von Stund an nicht mehr. Die Helden stellten zu ihrem Erstaunen fest, daß die ihnen zu Ehren veranstalteten Festivitäten sich kaum weniger anstrengend, wenn auch ungefährlicher anließen als so mancher Marsch durch Feindesland, letzteres sollte sich, was den Grafen X. betraf, indes als ein Irrtum herausstellen. Die statiöse Blondine jagte und erlegte ihn nach kurzer Hatz wie einen Hasen.
Es sei unter einem aus Takt und Diskretion gewobenen Schleier verraten, daß die Erwählte des Grafen nicht ganz dem Ideal einer Dame entsprach und die überstürzte Heirat das war, was man einen gesellschaftlichen Eklat zu nennen pflegt.
Nach einem scharfen Blick durch ihr Lorgnon erklärte die gräfliche Großmama, sie habe noch nie etwas für Walküren übrig gehabt und sie

werde es sich noch sehr überlegen, ob sie geneigt sei, ihre Meinung zu revidieren.

Nach allen Kriegen, die siegreichen nicht ausgenommen, scheint eine zunächst unmerkliche, aber sich dann immer deutlicher abzeichnende Lockerung der guten Sitten einzusetzen. Es zeigen sich Sprünge im kostbaren Porzellan der Gesellschaft, die, kaum dem bloßen Auge sichtbar, sich rasch verbreitern.

So fand Graf X. weniger Schwierigkeiten, seine Gattin, die Walküre, in den weitgespannten Kreis der Verwandtschaft einzuführen, als er im stillen wohl befürchtet hatte. Vornehmlich die Herren waren in geradezu empörender Weise zur Nachgiebigkeit bereit.

Die Dame, wiewohl keine oder nur eine halbe Dame, war bildhübsch, prachtvoll gewachsen, mit einem Busen, der reichlich Platz für die gräflich Xschen Juwelen bot.

Die neugebackene Gräfin entwickelte ihren bereits erfolgreich unter Beweis gestellten Jagdinstinkt zur Jagdpassion, nur daß ihr Trachten jetzt auf das Erlegen im Walde hausender, vierbeiniger Geschöpfe gerichtet war.

Sie bestand ihre Feuerprobe vor der Verwandtschaft bei den ersten großen Herbstjagden, die Graf X. nach seiner Heirat veranstaltete. Es kann leider nicht verschwiegen werden, daß die Schützen ihrerseits behaupteten, sie hätten sich seit St. Privat oder Sedan nicht mehr in derartiger Gefahr für Leib und Leben befunden.

Nachdem besagte Dame ihre ersten Böcke im Walde und, wie nicht zu leugnen, auch auf dem Parkett geschossen hatte, steckte sie ihr Ziel höher. Sie wünschte, einen Auerhahn zu erlegen. Der bevorzugte Aufenthaltsort der Auerhähne ist der hohe Schwarzwald, und das Unternehmen erforderte gewisse Vorbereitungen, die indes hier nicht näher erörtert werden sollen. Wie jeder Jäger weiß, ist der Auerhahn ein überaus scheues und vorsichtiges Tier und nur zu schießen, wenn er toll vor Liebesbrunst vor seinen Hennen zu tanzen und zu kollern beginnt.

Der Hahn fiel, da lag er tot auf dem Platz unter den Tannen; diskret verzog sich ein gewisser Förster ins Dickicht und damit aus der Affäre. Nun erhob sich die Frage, was mit dem Vogel zu geschehen habe, der, wie leicht an Schnabel und Klauen zu erkennen, der Urvater sämtlicher im Schwarzwald hausender Auerhähne sein mußte.

„Raten Sie mir, Herr Vetter, kann man eigentlich einen Auerhahn essen?“

„Man kann“, sagte der Herr Vetter, nahm die Brille ab, begann sie zu

W.H. Freeman

putzen, wobei er so heftig zwinkerte, als sei ihm eine Mücke ins Auge gekommen: „Zäh; im allgemeinen sehr zähes Wildgeflügel, Auerhähne, hm, ja!“ Und in zurückhaltendem Ton, noch immer mit der Brille beschäftigt: „Abhängen lassen, Frau Cousine, unbedingt gut abhängen lassen.“

„Abhängen? Was verstehen Sie darunter, Herr Vetter? Wie und wo soll er abhängen?“ fragte die wilde Jägerin; eine leichte Geistesabwesenheit verriet das Bemühen, sich über den Begriff des Abhängens klarzuwerden.

„Wo? An einem Baum natürlich, Frau Cousine. Wir nehmen den Vogel mit, und Sie lassen ihn daheim im Park an einen geeigneten Baum hängen."
„Einfach an irgendeinen Baum?" Und von der sachlichen Erklärung in Sicherheit gewiegt: „Nun sagen Sie mir nur noch, woher weiß man, wie lange es dauert, bis man ihn essen kann?"
„Keine Sorge, Frau Cousine, man braucht bloß darauf zu warten, bis der Strick so mürb wird, daß er reißt und der Vogel von allein herunterkommt."
„Ach, wirklich, Herr Vetter?"

In einem unverhofften Anfall christlicher Barmherzigkeit, weniger mit der Walküre ihres Enkels, denn mit den Gästen, hatte sich die gräfliche Großmama bereit erklärt, das Arrangement des *Auerhahn-Diners* in die Hände zu nehmen.
Beide Kammerjungfern hatten Tage damit zugebracht, eine Schar von Hasen aus Papiermaché, wie sie zu Ostern für die Kinder versteckt werden, mit grünen Waidröcken und Kappen zu bekleiden und ihnen aus Zündhölzchen gefertigte Gewehre und Jagdmesser beizugeben. Die solcherart berockten Hasen verteilten sich elegant auf der mit Tannenzweiglein dekorierten Tafel.
Die Aussicht, sich an einem Auerhahn die Zähne ausbeißen zu müssen, blieb den Gästen an diesem Abend erspart: Man reichte *Rehleber in Blätterteig*, *Schweinskoteletts in Gelee* und als Dessert *Reis Trauttmansdorff*.
Der Auerhahn wurde ausgestopft; mit gespreizten Flügeln und gesträubtem Kragen glotzt er noch manches Jahrzehnt aus bernsteinfarbenen Glasaugen auf die im Speisesaal des Grafen und der Gräfin X. tafelnden Gäste. Bisweilen, wenn die Gräfin im Begriff stand, einen Fauxpas zu begehen, was allerdings immer seltener der Fall war, blinkerte der Auerhahn ihr warnend zu.

Gesulzter Auerhahn

Den Auerhahn lege man einige Tage in eine gute Beize, hernach dämpfe man ihn mit sechs vorher gebrühten Kalbsfüßen, einem Kilo Kalbsschlegel und einem Kilo Ochsenfleisch vom Schlegel, sodann übergieße man ihn mit einer Flasche Weißwein und der nötigen Fleischbrühe und koche ihn langsam weich.
Hierauf lasse man ihn in seinem Sud erkalten. Am nächsten Tag nehme man denselben heraus, zerschneide ihn in schöne Stücke und richte ihn in einer Terrine an. Das Gelee, worin der Auerhahn gekocht wurde, wird erhitzt, gut entfettet, mit Zitronensaft und etwas Estragonessig angenehm gesäuert und, nachdem es kalt geworden, über den Auerhahn gegossen.

Gebratener Auerhahn

Als Braten kann man nur einen jungen Auerhahn gebrauchen. Wenn er gerupft, gereinigt, inwendig mit Salz eingerieben und dressiert ist, spicke man ihn auf der Brust. Dann lege man ihn in eine Kasserolle mit Butter, Zwiebeln, Salz, Pfeffer, Zitronenscheiben, magerem Speck, Pfefferkörnern und Wacholderbeeren, brate ihn goldgelb und begieße ihn mit Rotwein und Fleischbrühe.

Rehleber in Blätterteig

Man reinige die Rehleber sorgfältig von etwa anhängenden Fasern oder zerfetzten Stellen, spicke sie gründlich mit Räucherspeck, wickle sie in dünne Speckscheiben, die mit Hilfe einer feinen Schnur befestigt werden, salze leicht, gebe eine Prise Pfeffer und Paprika hinzu und brate die Leber unter Beigabe etlicher feingeschnittener Zwiebeln eine gute halbe Stunde lang. Während dieser Zeit begieße man sie vorsichtig mit sehr wenig Wasser, so daß eine Bratenjus entsteht. Nun welle man den Blätterteig, den man gefroren kaufen kann, aus, nehme die inzwischen abgekühlte Leber aus dem Saft, bette sie auf den Blätterteig, wickle sie hinein, verziere den Teig mit ausgeradelten Streifen, glasiere mit Eidotter, lege die so behandelte Leber in eine flache Auflaufform und backe sie zwanzig bis fünfundzwanzig

Minuten bei guter Mittelhitze, bis der Blätterteig sich goldgelb gefärbt hat. Man schneide sie aber erst bei Tisch in Scheiben auf. Die Jus verbessere man mit etlichen Tropfen Worchestersauce, einem Schuß sauren Rahms, koste, ob sie genügend gesalzen ist, und serviere. (Für vier bis sechs Personen.)

Schweinskoteletts in Gelee

Sechs schöne Schweinskoteletts werden von etwa anhaftendem Fett befreit und gründlich auf beiden Seiten geklopft; hierauf lasse man die Koteletts in anderthalb Liter Wasser und dreiviertel Liter Essig, einer Karotte, einem Lauchstengel, einem Stück Sellerie, Salz und Pfefferkörnern etwa anderthalb Stunden durchkochen. Danach nehme man sie heraus und richte sie auf einer vertieften Platte zierlich an. Die Brühe wird nun durch ein Sieb geschüttet, etwaiges Fett mit einem Schaumlöffel entfernt; die Menge der Brühe in einem Maßbecher exakt festgestellt und die nach Vorschrift aufgelöste Gelatine untergerührt. Dies getan, gieße man behutsam die Brühe über die Koteletts und lasse erkalten. Man garniere mit Zitronenscheibchen, Tomatenstückchen und Petersilie.

Reis Trauttmansdorff

Zweihundertachtzig Gramm Reis, die man rasch in einem feinen Sieb abspült und dann abtropfen läßt, werden mit eineinviertel Liter Milch und einem Stückchen Vanilleschote sowie achtzig Gramm Zucker langsam und vorsichtig gargekocht. Während dieser Zeit löse man ein Päckchen Gelatine auf und rühre es unter den Brei; dann schlage man einen halben Liter süßen Rahms steif, ziehe ihn schwach unter den inzwischen erkalteten Reis, füge die aufgelöste Gelatine hinzu, gebe die Masse in eine gut mit Wasser ausgeschwenkte Form und stelle kalt.
Der Reis Trauttmansdorff wird zum Servieren auf eine hübsche runde Platte gestürzt und mit frischen Himbeeren oder gutem Himbeersaft im Kännchen gereicht. Es empfiehlt sich, die Speise nach dem Anrichten mit einigen Flöckchen Schlagsahne zu garnieren.

Keine Rose ohne Dornen
oder
Bergmus von Hagebutten

Womit beginnen, mit Cousine Annas Einzug in die Familie oder aber den herbstlichen Früchten der Heckenrose, den Hagebutten?
Als sich Cousine Anna endlich bereit erklärte, wenigstens das eine oder andere ihrer köstlichen Rezepte preiszugeben, hatte sich das schmucke Schweizer Röschen, wie Anna genannt wurde, längst in eine schrumpelige Hagebutte verwandelt. Die gestärkten Unterröcke, die einst über ausnehmend hübschen Beinen wippten, waren langwallenden tristen Morgenröcken gewichen, von boshaften Zungen als Aschenputtelkittel bezeichnet. Wie sich zeigen wird, litt die Generation der Großmütter noch nicht an Gedächtnisschwäche. Die Damen, obgleich nicht Augenzeugen jener Szene, mit der die Geschichte von Cousine Anna begann, hatten es trefflich verstanden, die verschiedenen Bruchstücke zu einem Bilde zusammenzufügen.
Die boshaften Bemerkungen kamen nicht von ungefähr; unbedachterweise neigte Cousine Anna dazu, bei der Weitergabe ihrer köstlichen Rezepte die eine oder andere entscheidende Feinheit zu unterschlagen. Ein häßlicher Zug, wie man zugeben muß, und dies um so mehr, als die Köchinnen naturgemäß die ersten waren, die den Unwillen der enttäuschten Hausfrauen zu spüren bekamen, wenn statt eines flaumigen *Biskuits nach Cousin' Anna* ein brettflaches Gebilde aus dem Backofen zum Vorschein kam.
Wenden wir uns lieber von diesen und ähnlichen Reminiszenzen ab und der verführerischen Szene zu, die einst einem ältlichen Freiherrn Einblicke gewährte, wie sie den Herrn zu jener Zeit nie und nimmer vergönnt waren. Der Freiherr, jüngst erst Witwer geworden, führte, wie erzählt wird, seinen Kummer an den Ufern des Züricher Sees spazieren. Hier nun geschah es, daß der Witwer wie angewurzelt stehenblieb und zu einem Fenster der Beletage, sprich, dem ersten Stock eines Patrizierhauses, hinaufstarrte, in dem sich seinen Blicken die reizende Erscheinung eines Mädchens zeigte.

Und das von unten herauf, gewissermaßen bis ins Innerste oder Unterste, wie man's nimmt. Die Röcke waren weit (Schweizer Stickerei), die Strümpfe, weiß und gestrickt, zwei schlicht, zwei kraus, gingen nur bis zum Knie, und die Hosen bestanden – worüber man zuverlässig unterrichtet ist – aus zwei oberflächlich miteinander verbundenen, volantgeschmückten Röhren.

Die liebliche Erscheinung – eine Haut wie ein Rosenblatt, himmelblaue, schmachtende Augen, ein allerliebster Schmollmund – war damit beschäftigt, Fenster zu putzen. Eine Tätigkeit, die, wie man zugeben wird, nicht gerade zu den Aufgaben einer Gouvernante gehört, denn diese Stellung nahm das Fräulein ein, was der Freiherr alsbald zu seiner Erleichterung erkundete.

Wie auch immer, die Beine in den weißen Strümpfen, umknistert von Schichten gestärkter Unterröcke, hatten es unserem Freiherrn angetan, und dies endgültig. Die Gouvernante ward aus dem Fenster geholt und nach Überwindung einiger formaler Hindernisse geradewegs zum Traualtar und von dort in ein fernes Schloß geführt.

Aber selbst dem bis über beide Ohren verliebten Gatten fiel es mit der Zeit schwer, über die eigentümliche Entwicklung im Wesen Annas hinwegzusehen. Die Fügsamkeit, die Anna so allerliebst angestanden, hatte sich verflüchtigt. Das Röschen zeigte Dornen, und, wie es nun einmal in der Natur der Rosen liegt, sie öffnen sich, erblühen und welken, während ihre Dornen sich im Herbst zu veritablen Stacheln auswachsen. Hatte die Verwandtschaft in den ersten Jahren, wenn die Rede auf die junge Frau kam, sie als die liebe, g'scheite Cousin' Anna bezeichnet . . ., allmählich wurde: Cousin' Anna? Ach, du meinst die dornige Anna! daraus.

Cousin' Anna strebte in allem nach Perfektion, nach äußerster Perfektion. Die ehemalige Gouvernante hatte sich zu einer Aristokratin wie aus einem Roman herausgemausert, pardon, aus dem Gotha, dem Taschenbuch der freiherrlichen Häuser.

Nichten und Neffen waren keck genug zu behaupten, wenn Anna sich in den Finger schneide, quelle das Blut blau wie Tinte hervor.

Cousin' Anna wurde, wie es sich von selbst versteht, zur Gastgeberin par excellence. Im Gespräch erstrebte sie einen Höhenflug, von dessen Anstrengungen sich ihre Gäste nur mühsam bei Speis und Trank – beides war vorzüglich – erholten.

„Eine Nachtübung ist mir lieber als Cousin' Annas bestes Diner“, entrang

A. Gierasch

Schildhorn

es sich den Lippen eines von Schiller über Schopenhauer zu Hebbel gejagten Hauptmanns nach einer von Annas Gesellschaften. Anna hatte sich Vollendung aufs Panier geschrieben, und dabei blieb es. Waren die Damastservietten nicht Selfkante auf Selfkante gelegt und die eingestickten Monogramme auf Hochglanz gebügelt, scheute Anna nicht davor zurück, sie im Dutzend, eine um die andere gründlich aufzuschütteln und verächtlich fallen zu lassen. Die Tücher flatterten wie sterbende Schwäne durch die Bügelstube.

Es ging das glaubwürdige Gerücht, Cousin' Annas Johannisbeergelee verdanke seine rubinrot leuchtende Farbe einzig der Unerbittlichkeit, mit der sie darauf beharrte, daß Beere um Beere vermittels eines Federkiels von den Körnchen befreit werde, ehe an Einkochen auch nur zu denken war.

Beerenfrüchte lieferte der Garten im Überfluß; schwieriger war es um die Hagebuttenernte bestellt. Ohne Hagebutten kein *Bergmus*, keine *Hagebuttencreme*. Der feinste Biskuitpudding entbehrte der geschmacklichen Würze ohne die heiße, durch einen Löffel süßen Rahms geschmeidig gemachte *Hagebuttenmarmelade*.

An brillanten Einfällen hatte es Anna noch nie gefehlt. In den letzten sonnigen Septembertagen lud sie Nichten und Neffen zu einem Picknick, fuhr mit der lieben Schar im Landauer mit prall gefüllten Körben und verdächtig leeren Taschen zum Wald. Am Rande der von den ersten kalten Nächten gefärbten Waldungen wucherten Heckenrosenbüsche in ungezügelter Fülle, über und über beperlt von roten Hagebutten. Neckisch aufmunternd versorgte Cousin' Anna Nichten und Neffen mit Stroh- und Leinentaschen, nannte sie „brave Kinder" und ließ sie sich ihr Picknick zuerst einmal verdienen. Die liebe Jugend sah sich im wortwörtlichen Sinn in den Ranken der dornigen Anna gefangen.

„Aber Anna", murmelte der Freiherr milde mahnend. „Ich finde das ein bißchen zuviel verlangt, Mariechen und Berta sind zerkratzt bis an die Ellenbogen."

Doch alljährlich stellten sich die „braven Kinder" trotz aller Widrigkeiten wieder ein zum Hagebuttenpflücken. Die liebe Jugend verstand es eben vortrefflich, den Schutz zu nützen, den die Hecken ihr boten, die blutig zerstochenen Finger führten wie von selbst zu zärtlichen Tröstungen.

So kam es, daß manches zarte Kind übers Jahr, als am Waldrand die Heckenrosen zum andernmal blühten, mit Cousin' Annas Segen unter die Haube fand.

Biskuit nach Cousin' Anna

Man schlage das Weiße von sechs Eiern zu steifem Schnee, ziehe behutsam und mit zärtlicher Hand ein halbes Pfund Zucker unter und rühre dies, bis der Zucker sich aufgelöst hat. Nun füge man sacht die sechs Eidotter hinzu und stäube langsam, unter stetem sanftem Rühren zweihundertfünfzig Gramm gesiebtes Mehl hinein. Das Backrohr soll zu Beginn nur mäßig heiß sein und dann erst auf Mittelhitze gebracht werden. Nach Erkalten des Kuchens glasiere man ihn mit einer aus einem viertel Pfund Puderzucker und dem Saft von zwei Zitronen bereiteten Glasur. Man kann ihn aber auch mit Schokoladenglasur überziehen.

Bergmus nach Cousin' Anna

Zu dem steifen Schnee von fünf Eiweiß nehme man hundert Gramm feinen Zucker sowie zwei gehäufte Eßlöffel Hagebuttenmarmelade, die mit zarter Hand untergemischt werden. Dann schichte man die Masse auf eine entsprechend große Oblate oder ein gut gebuttertes Kuchenblech und backe sie bei schwacher Hitze, bis die Kruste blond wird und aufzuspringen beginnt.
(Für vier Personen.)

Hagebuttencreme

Man löse etwa vier Eßlöffel Hagebuttenmark in einem viertel Liter Rot- oder Weißwein auf und füge hundert Gramm Zucker und ein Päckchen nach Vorschrift aufgelöste Gelatine hinzu. Zuletzt menge man einen viertel Liter steif geschlagene, süße Sahne darunter, fülle in eine hübsche Schale und stelle kalt bis zum Anrichten.

Hagebuttenmarmelade

Man begebe sich an einen Waldrand und pflücke sie, die Hagebutten nämlich, wenn sich der September der zweiten Hälfte zuneigt und die Nächte ein leichter Frosthauch streift. Handschuhe hindern nur, es bleibt nichts, als sich damit abzufinden, daß man mit blutig zerkratzten Fingern und meist nur drei bis vier Pfund Hagebutten heimkehrt.

Zuerst die zerkratzten Hände, und dann kommt die Mühsal des Putzens. Am besten bohrt man die haarigen Kerne mit einer Häkelnadel heraus. Hat man die Hagebutten endlich säuberlich gereinigt, so stelle man sie vier bis fünf Tage an einen warmen Ort, damit sie weich werden. Nun koche man sie auf gelindem Feuer mit so viel Wasser, daß sie völlig bedeckt sind. Das Mark (betrüblich wenig, wenn man es mit der Mühe vergleicht!) wird Pfund um Pfund mit Zucker zu dicker Marmelade gekocht, heiß in Gläser gefüllt, mit einem in Schnaps getränkten Papier bedeckt und mit Cellophan zugebunden.

Probatum est! Der Triumph ist groß und läßt alle Leiden vergessen, wenn die Gäste den ersten Löffel auf der Zunge zergehen lassen.

Ein lavendelblauer Brief
oder
Lummel gefüllt

Takt und Diskretion nötigen die Chronistin, die Namen der in die Geschichte verwickelten Familien zu verschweigen, denn hier handelt es sich um einen Skandal, der die Wiener Gesellschaft aufwühlte wie ein ins Wasser geworfener Stein; ein letztes auslaufendes Wellengekräusel war noch Jahrzehnte später zu bemerken, wenn die Rede auf den Prinzen Ernie kam.

Prinz Ernie war einer der zahlreichen Söhne des Fürsten G. Es wird glaubwürdig berichtet, die Fürstin habe einst, im Schloßpark lustwandelnd, eine Gruppe spielender Buben angetroffen und auf ihre erstaunte Frage, wem die Kinder gehörten, zu ihrer Überraschung vernommen, daß es ihre eigenen seien.

So wollte sich denn die Fürstin nie mit Bestimmtheit darüber äußern, ob nun Ernie, Servi oder Pucki der fünfte, sechste oder siebente ihrer Söhne seien.

„Es is' eh einerlei", pflegte die Fürstin zu sagen, „fesch sind's, tapfer sind's und Geld haben's keins."

Prinz Ernie stand bei einem Dragonerregiment, das zur Abkühlung des allzu lebensfrohen Offizierskorps ins ferne Galizien transferiert worden war. Leider war die Versetzung der weißberockten Schar erst erfolgt, als die Schulden des Prinzen Ernie erstaunliche Höhen erreicht hatten. Nicht genug damit, der fesche Ernie hatte sich in ein Techtelmechtel mit einer ungarischen Gräfin verstrickt, einer bildschönen jungen Witwe; bedauerlicherweise ohne nennenswertes Vermögen.

Es lag auf der Hand, daß für den Ernie schleunigst eine gute, eine sehr gute Partie arrangiert werden mußte.

Während die Familie, behutsam tastend, ihre Fühler nach allen Seiten ausstreckte, preschte Prinz Ernie mit der Schwadron über die trostlose galizische Ebene und verbrachte tödlich langweilige Abende in Gesellschaft seiner nicht weniger ennuyierten Kameraden. In ihrer Verzweiflung tranken sie den Neunziggrädigen unvermischt, kauften Pferde, die sie, im Vertrauen auf ihren Kredit, dem Roßkamm nicht bezahlten, und nur die Gottesfurcht oder die vor ihrem Obersten hielt sie davon ab, sich mit dem Russischen Roulett ins bessere Jenseits zu befördern.

In Wien seufzte derweil die ungarische Gräfin nach ihrem Prinzen, der Prinz im fernen Galizien seufzte, wie aus seinen leidenschaftlichen, aber unleserlichen Briefchen hervorging, nach ihr, indes die fürstliche Familie, das Ziel unentwegt im Auge, die einzige Tochter und Erbin Seiner Hoheit des Herzogs von Sch. ansteuerte.

Der Herzog, der sich nicht verhehlen konnte, daß sich hier die letzte Chance bot, die Prinzessin noch an den Mann zu bringen, willigte ein, und die plumpen Wangen seiner Tochter färbten sich mit freudiger Röte.

Denn die Prinzessin Anastasia, die Staserl, war alles andere als eine Schönheit, und die Jugend lag geraume Zeit hinter ihr. Zog man dagegen Titel, Reichtum und Einfluß in Betracht, war sie eine Partie par excellence.

„Jesses, Maria, die Staserl." Der Ernie stöhnte. Galizien hing ihm zum Hals heraus, der Pferdehändler drohte, sich wegen der Bezahlung eines englischen Vollbluts und der beiden ungarischen Jucker an den Kommandeur zu wenden; andererseits war nicht auszudenken, welche Szenen ihn bei seiner feurigen Gräfin erwarteten. Schließlich verfrachteten die Kameraden den vom Neunziggrädigen mehr umnebelten als gestärkten Ernie samt Diener und Gepäck in den Zug, der ihn im Verlauf von drei Tagen und Nächten nach Wien transportierte.

Die beiderseitigen fürstlichen Eltern hatten inzwischen alles aufs beste arrangiert; die Verlobung war annonciert, die Anzeigen zugleich mit den Einladungen zum Diner ausgesandt; die Toiletten geliefert, das Geschmeide aus den Tresoren geholt, das Menü bestellt und die Tafel mit Kristall und Silber überladen.

Die vor Erregung wie Geleepudding bibbernde Anastasia erwartete, in Atlas eingezwängt, das mit jeder Stunde näher kommende Glück ihres Lebens in Gestalt des feschen Ernie.

Beschwingt von der Gewißheit, daß die bevorstehende Verbindung mit der Tochter des Herzogs von Sch. seinen Kredit gefestigt und die Gläubiger eingeschläfert habe, beeilte sich Prinz Ernie, in Wien angekommen, als erstes seinen Schneider aufzusuchen und mit einigen Aufträgen zu beehren.

Unfaßlicherweise erklärte der Schneider mit vielen Habe-die-Ehre und Küß-die-Hand, Durchlaucht, daß er leider, leider im Augenblick außerstande sei, Durchlaucht, Prinz Ernie, zu beliefern.
Nicht genug damit, es stellte sich heraus, daß die längst in Auftrag gegebenen Lackstiefeletten mit Zug und die Reitstiefel nicht angefertigt worden waren. Auch der Juwelier, dem der Prinz seinen Wunsch nach einem Verlobungsring sowie einem Brasselett, letzteres als Trost für die

ungarische Gräfin gedacht, vortrug, gefiel sich in fadenscheinigen Ausflüchten.
Der Prinz strafte Schneider, Schuster und Juwelier mit Verachtung und begab sich spornstreichs, bewaffnet mit einem Orchideenbukett, zu seiner Gräfin. Die Kammerkatze nahm ihm die Blumen ab, verweigerte ihm aber standhaft den Zutritt, da ihre Herrin einen nervösen Schock erlitten habe und niemand empfangen dürfe.
Mit dem Gefühl des unschuldig Verurteilten, dem keine Gelegenheit gewährt wird, sich gegen das über ihn verhängte Verdikt zu verteidigen (was konnte er schon dafür, daß er die dicke Staserl heiraten mußte?), lenkte Prinz Ernie seine Schritte dem elterlichen Hause zu. Es fiel ihm auf, daß Bekannte, denen er unterwegs begegnete, ihm zu gratulieren vergaßen, und wenn sie es taten, geschah es in offensichtlicher Verlegenheit.
Er fand den Fürsten, seinen Vater, im Salon über einem Brief brütend, während seine Brüder sich mit Riechsalz und Hoffmannstropfen um ihre Mutter bemühten. Wortlos, keiner Erläuterung fähig, reichte der Fürst seinem Sohn einen lavendelblauen Brief, der mit „Teure Freunde, ich erachte es als meine Pflicht . . .“ begann und mit „. . . ein wohlmeinender, ungenannter Freund“ endete.
„Es kann nicht wahr sein“, stammelte der Prinz und las zum zweitenmal, daß der Herzog von Sch. sich mit dem Gedanken trage, seine Tochter Anastasia hintan und aufs Pflichtteil zu setzen, um seinen illegitimen Sohn zu adoptieren und damit zum Haupterben zu erheben.
Niemand hatte je von der Existenz eines illegitimen Sprößlings des Herzogs von Sch. etwas geahnt, geschweige von der Absicht einer Adoption vernommen. Die Nase am Riechsalz, erinnerte sich die Fürstin der Affäre, die der Herzog seinerzeit mit einer gewissen Tänzerin gehabt hatte. Der Fürst, der sich der Balletteuse nur zu gut entsann, zuckte schmerzlich zusammen.
„Wenn's wahr ist, bin ich zugrunde gerichtet“, sagte der Ernie, dem schrecklich klar wurde, daß der ungenannte Freund seine vertrauliche Mitteilung an halb Wien versandt haben mußte.
„Mach dir nichts draus“, meinte der Servi tröstend, „es sind schon größere Völker zugrunde gegangen.“
„Und wenn's nicht wahr ist“, rief Prinz Pucki, von einem Geistesblitz gestreift, „wenn's jemand bloß erfunden hat, weil er unserm Ernie das Glück nicht gönnt, das ihm mit der Staserl in den Schoß fällt?“

„Hundertachtzig Pfund Lebendgewicht, rote Haar hat's und schiech ist's wie die Sünd." Der Ernie war zu aufgewühlt, um wählerisch in seinen Ausdrücken zu sein.
„Eine Prinzessin ist nie schiech", sagte die Fürstin und richtete sich mit Hilfe ihres Sohnes Pucki auf. „Courage, mein Sohn! Beim Verlobungsessen werden wir der Verleumdung die Stirn bieten." Sprach's und trennte sich schweren Herzens von einem Brillantring, den der Ernie seiner Staserl an den Finger stecken sollte.

„'s Kleid is' z'eng; Hoheit haben geruht zuzunehmen, lassen sich's zu gut schmecken", klagte die Kammerfrau.
„Das macht die Freud'", sagte die Prinzessin.
„Und die *Dobostorten*, halten zu Gnaden. Bei der Jausen gestern haben Hoheit die halbe Dobostorten auf einen Schlag weggeputzt."
Die Prinzessin hielt den Atem an und zog den Magen ein:
„Nur Mut!"
„Da nützt kein Mut nicht, wenn ich die Taille nicht zubring'", erklärte die Kammerfrau unter erneuten Anstrengungen.
Hochgemut und festgepanzert rauschte die Prinzessin am Arm des Herzogs durch die Flucht der Gemächer dem Prinzen entgegen.
Dem Ernie sank das Herz, er schwankte, innerlich und äußerlich, und wäre zurückgewichen, hätten ihn seine Brüder nicht durch einen kräftigen Stoß ins Kreuz in Richtung der Braut befördert.
Das *Hühnersoufflé* von den Ausmaßen einer Kirchenkuppel und ein *Schüsselragout* waren angeboten worden. Der Champagner perlte in den Gläsern, das Diner näherte sich langsam dem Höhepunkt, als sich der Herzog erhob, sein Glas ergriff und mit einem zärtlichen Blick auf seine Tochter zur Rede ansetzte: „Liebe Anastasia, lieber Ernie!"
Ein Stöhnen lief um die Tischrunde, als entweiche aus einem Ballon das Gas. Der Busen der Prinzessin hob sich und wogte höher, als die Toilette zuließ. Zu spät zog die Staserl den Magen ein, die Haken sprangen, die Taille platzte, die Prinzessin stieß ein leises Quieken aus und verbarg ihr Gesicht hinter der mit dem Brillantring der Fürstin geschmückten Hand.
In diesem Augenblick verlor der Ernie die Contenance und mit der Contenance den Verstand. Er schnellte hoch, der Stuhl flog zurück, der servierende Lakai ging samt der Platte mit dem *Lummel gefüllt* zu Boden, während der Prinz aus dem Speisesaal stürzte.

„Wenn ich's so bedenke", der Ernie küßte die von feuerfarbenem Chiffon umrahmte, blanke Schulter seiner Gräfin, und es dauerte eine Weile, ehe er auf seine Überlegung zurückkam: „Da heißt's immer, auf anonyme Briefe soll man nichts geben, aber der ungenannte Freund, das war mir schon ein echter Freund."

„Tschapperl", sagte die ungarische Gräfin mit einem schelmischen Aufblitzen in den nachtschwarzen Augen. „Wer weiß, vielleicht war's eine Freundin?!"

Dobostorte

Hierzu backe man einen Biskuitkuchen nach Cousin' Anna, der nicht aufrichtig genug empfohlen werden kann, lasse ihn erkalten und schneide ihn vermittels eines sehr scharfen Messers dreimal durch.
Nun bestreiche man diese flachen Lagen mit nachfolgender Creme: Zweihundert Gramm frische Butter wird zu Schaum gerührt, hundert Gramm Schokolade und eine Prise Vanillezucker dazugemengt. Sobald die Schokoladencreme ganz weich ist, lasse man sie erkalten und streiche sie auf die Kuchenlagen. Man füge die Torte zusammen und überziehe sie mit einer Schokoladenglasur. Worauf sie kalt gestellt und am nächsten Tag serviert werden kann.

Hühnersoufflé

Von einem guten, gekochten Suppenhuhn löse man das Fleisch ab und drehe es durch den Wolf, gebe ein viertel Pfund gut gerührte Butter hinzu, zwei ganze Eier, Salz und Pfeffer; schlage einen halben Liter süßen, aber ungezuckerten Rahm zu Schnee und ziehe ihn sehr sacht und löffelweise unter. Dann bereite man eine gut ausgebutterte Puddingform vor, lege den Boden mit Trüffelschnitten aus und fülle die Masse ein. Die geschlossene Form wird im Wasserbad etwa dreiviertel Stunden gekocht, doch soll das Wasser nur perlen und nicht sprudeln.
Eine mit Madeira verfeinerte Sauce mag als Beigabe empfohlen werden.
(Für vier bis sechs Personen.)

Schüsselragout

Einhundertfünfundzwanzig Gramm Butter lasse man leicht braun werden und rühre sie mit vier Löffeln Weckmehl, fünf fein gehackten Sardellen, Saft einer Zitrone, etwas Salz und Pfeffer zu einem spröden Teig. Dann werden feine Scheiben von kaltem Kalbsbraten damit dick bestrichen, die Scheiben in eine Auflaufform geschichtet und mit ein bis zwei geriebenen Karotten, Kapern, Champignons und Butterflöckchen bestreut. Man füge die restliche Bratensoße hinzu und koche dann im Wasserbad anderthalb Stunden lang.
(Für vier bis sechs Personen.)

Lummel gefüllt (Filet farcé)

Ein Lummel ist ein Filet de bœuf, das zarteste Stück vom Rind. Der Lummel wird mit scharfem Messer vorsichtig abgehäutet und von allen etwa vorhandenen Fasern oder Fettstückchen befreit. Sodann wird er seitlich aufgeschlitzt, so daß eine Art Tasche entsteht, die man behutsam breit klopft, um sie zu erweitern. In diese Öffnung gebe man eine Farce, die aus Speckscheiben, einem halben Pfund Bratwurstfülle oder gehacktem Schweinefleisch, Salz, Pfeffer, einer geriebenen Zwiebel, Petersilie sowie einer fein gehackten Sardelle besteht. Dann nähe man den Lummel mit großen Stichen zu oder schließe ihn mit entsprechenden Drahtklammern, wickle ihn in dünne Speckscheiben und befestige diese mit einer dünnen Schnur.
Hierauf erhitze man ein gutes Stück Butter, in dem man ein bis zwei aufgeschnittene Zwiebeln hellgelb werden läßt, lege den Braten hinein und brate ihn unter vorsichtigem Begießen mit Fleischbrühe, bis kein Blut mehr austritt, so daß das Fleisch beim Aufschneiden zartrosa erscheint. Die Soße verfeinere man mit einem viertel Liter sauren Rahms und einem Gläschen Kognak.
(Für acht Personen.)

Henriette, eines Pastors Tochter, oder Pfau nach Davidis

Seit Wochen strömte der Regen mit unerbittlicher Gleichmäßigkeit über Berge und Täler, Wiesen und Wälder des lieblichen und romantischen Westfalens. Die junge Ruhr, die sich sonst in zierlich gerundeten Schleifen dahinzieht, war zu einem hochaufgeschwollenen, bösartigen Fluß geworden; die Karpfenteiche des gräflich Hesselrodschen Schlosses hatten die Ausmaße einer Seenkette angenommen, die das Schloß umgebenden Wassergräben, die man in Westfalen Gräfte nennt, waren über die Ufer getreten. Die Ernte verfaulte auf dem Halm, die Hühner bekamen den Pips, das Jungvieh ersoff auf den Weiden, die Kühe verkalbten, und nur die Enten erfreuten sich eines lustvollen Daseins.

„Enten!“ Der Graf schlug mit dem Fingerknöchel gegen das Wetterglas. Die Quecksilbersäule rührte sich nicht. Der Graf knöchelte heftiger dagegen: „Das verdammte Ding!“

Die Gräfin ließ den Stickrahmen sinken; im trüben Licht wirkten die Wollrosen, an denen sie stichelte, grau und verwaschen. „Oh, Isbert!“ Der vorwurfsvolle Seufzer reichte hin, um den Jähzorn des Grafen, für den er wie vor ihm Generationen von Hesselrodes mehr berüchtigt als berühmt war, zum Explodieren zu bringen. Mit der einen Hand riß er das Fenster auf, mit der andern langte er nach dem Wetterglas und schleuderte es in hohem Bogen in die Gräfte. „Da, schau dir die Schweinerei selber an!“ Das Barometer plumpste ins Wasser und versank. Von allen Seiten schwammen eilig die Enten herbei, steckten die Köpfe in die Flut und tauchten.

„Meine Flinte! Die Enten werden erschossen, sofort, alle miteinander erschossen, auf mein Wort, Eleonore.“

„Menagiere dich, lieber Isbert“, sagte Eleonore mit süßer Stimme.

Der Graf, dem der Tonfall verriet, was die Uhr geschlagen hatte, schloß das Fenster erstaunlich leise.

„In vierzehn Tagen, lieber Isbert! Es ist an der Zeit, die Brücke zu reparieren. Ich möchte nicht erleben, daß die Bohlen unter den Kutschen der Gäste einbrechen und die Verwandten, statt unsere Silberhochzeit zu feiern, einen nassen Tod in der Gräfte finden."

„Wäre bei den wenigsten ein großer Verlust", maulte der Graf. Er marschierte durch den Raum zum Tisch, an dem Eleonore saß und stickte, blieb stehen und blickte stirnrunzelnd auf sie herab.

„Fräulein Davidis wird gleich hiersein", sagte Eleonore mahnend.

„Davidis? Davidis? Kenn ich nicht."

„Du weißt doch, Isbertchen, Henriette Davidis, die ältliche Tochter von dem Wengernschen Pfarrherrn. Wie oft soll ich dir noch wiederholen, daß ich die Davidis engagiert habe. Sie wird alles machen, Jagdfrühstück, Thé dansant, Diner, das Souper nach dem Ball. Die meisten Gäste bleiben zwei, drei Tage."

„Der Teufel soll mich frikassieren, wenn ich das aushalte", murmelte der Graf.

„Das wird er ohnehin tun", hauchte Eleonore.

Hier nun öffnete sich die Türe, der Diener meldete: „Fräulein Davidis", und unter dem Rascheln gestrickter, flanellner und batistner Unterröcke trat das Fräulein ein.

Obzwar Fräulein Davidis die erste Jugendblüte geraume Zeit hinter sich gelassen hatte und ihre Wangen durch die Herdhitze stark gerötet waren, bot sie noch immer einen stattlichen Anblick. Auf dem hochgesteckten Blondhaar thronte ein Häubchen, dessen Bänder unter dem Kinn zu einer adretten Schleife geknotet waren. Der Blick der blauen Augen war freundlich und verriet Intelligenz, gepaart mit Energie. Wiewohl Henriette ihr Leben der Kochkunst gewidmet und ihre üppigen Gerichte zahlreichen Zeitgenossen zu bedeutendem Leibesumfang verholfen hatten, war sie selbst rank und schlank geblieben.

Ihre einander aufs glücklichste ergänzenden Begabungen hatten Fräulein Davidis instand gesetzt, ihr unerschöpfliches Repertoire an Rezepten in einem einwandfreien, klar verständlichen Deutsch in ihrem *Praktischen Kochbuch für die gewöhnliche und feinere Küche* der Mit- und Nachwelt zu übermitteln. Beseelt vom Streben nach Vollendung, erteilte Fräulein Henriette in der Arbeitsschule zu Sproekhövel jungen Mädchen schlichter Herkunft Unterricht im Kochen, Aufdecken, Servieren und allen anderen Bereichen der Hauswirtschaft. Wer bei Fräulein Davidis die Lehre durchlaufen hatte, war nicht nur allen Ansprüchen gewachsen, sondern auch zu makellosem Benehmen erzogen worden.

Anläßlich großer Festlichkeiten trat Fräulein Henriette wohl auch selbst in Aktion und übernahm das Regiment in dieser oder jener hochherrschaftlichen Küche. So auch hier auf Schloß Hesselrode anläßlich der bevorstehenden Silberhochzeit des gräflichen Paares.

„Bei so zahlreichen Gästen kann man nicht zeitig genug mit den Vorbereitungen beginnen“, sagte Fräulein Davidis und breitete eine Reihe goldgeränderter, hübsch beschriebener Menükarten auf dem Tisch vor der Gräfin aus.
Die Gräfin begehrte etwas ganz und gar Besonderes, denn sie entsann sich, daß ihr das eine oder andere Menü bei den Erbdrostes, den Galens, den Metternichs bereits serviert worden war.
Fräulein Henriette, die ihrem Pompadour weitere Karten entnommen hatte, überflog die verschiedenen Titel und erklärte bescheiden, daß sie dank einer Freundin, die als Gattin eines Missionars ihre Tage in Batavia, der Hauptstadt der Insel Java, verbringe, in der Lage sei, einige Spezialitäten zu offerieren, wie etwa Batavianische Vogelnestersuppe, die als Konserve aus England zu beziehen wäre.
Die Gräfin spitzte die Ohren, daß die Perlohrringe zu schwanken begannen. Graf Hesselrode, der noch immer auf und ab lief, blieb stehen und gab ein Knurren von sich.
„Ruhig, Isbertchen, nur kalt Blut“, sagte die Gräfin und nickte Fräulein Henriette aufmunternd zu.
„Oder etwa Schildkrötensuppe? Was halten Frau Gräfin davon? Die Konserve käme ebenfalls aus London, wenn keine lebenden Schildkröten vorhanden.“
„Schildkröten in Westfalen“, der Graf brummte höhnisch: „Koch deine Haarnadeln, Eleonore, die sind doch aus Schildpatt.“
Fräulein Henriette erging sich zungenfertig in Erläuterungen über die Art, eine Schildkröte zu schlachten, aus ihrem Panzer zu lösen und schließlich zu Suppe zu verarbeiten. Den Grafen überlief ein Schauer.
„Als Haupt- und Schaugericht . . .“, Henriettens Augen nahmen einen verklärten Ausdruck an: *„Pfau!“*
„Reiher, Mamsell, Fischreiher, soviel Sie nur wünschen“, schrie der Graf und deutete zum Fenster, das auf die Gräfte ging.
Das Fräulein erlaubte sich den Hinweis, bei Fischreiher sei nur die Brust genießbar, da das andere Fleisch tranig schmecke.
Und wo wollte Fräulein Henriette in Westfalen junge Pfauen finden? Selbst gesetzt, ein einziger Pfau genüge als Tafelzierde, schon dieser eine wäre schwerlich aufzutreiben, es sei denn . . .
Wehmütig lächelnd holte Henriette den Brief der Missionarin im fernen Java aus dem Pompadour und bat, eine Stelle vorlesen zu dürfen.

„Wir können uns . . .“, so die Freundin, „zwar nicht entschließen, die schönen Tiere schlachten zu lassen, doch weiß man nicht, was damit anzufangen, da ihrer so viele sind und man sie nicht vom Brüten abzuhalten vermag, weil sie sich meist dazu unzugängliche Orte aussuchen, doch ist ihr Fleisch sehr milde und angenehm.“

„Hm, hm“, der Graf war gefesselt, sein Ehrgeiz wachgekitzelt. Er stampfte um den Tisch, schlug mit der Faust auf die Platte und schrie: „Ich hab's. In Münster, jawohl, Mamsell, und jetzt aufgepaßt. Die Sache will gedeichselt werden, ich meine, diplomatisch gehandhabt. Hol's der Henker, habe doch die verflixten Vögel mit eigenen Augen gesehen, die sich der junge Landois eingefangen hat. Ist so'n Geistlicher, noch naß hinter den Ohren, schimpft sich Zoologe, hat die reine Arche Noah in seinem Garten hinterm Wall, beim Buddenturm. Der Bursche, Pardon, Eleonore, der Pfarrer hat mir das Fischotterpärchen abgeluchst, ist noch nicht lange her. Werde Ihnen einen Brief an Pfarrer Landois mitgeben, soll Ihnen seine Menagerie zeigen; schreibe, Sie sind interessiert an Zoologie. Selten bei Frauen, na, von Frauen versteht er ohnehin nichts. Der Rest ist Ihre Sache, und mehr als 15 Taler ist mir der Spaß nicht wert. Los, Mamsell, die Postkutsche braucht bei diesem Wetter drei Tage; auf nach Münster und dem Landois den Vogel abgeluchst. Einen Reisenden soll man nicht hinhalten.“

„Isbert, mein Herz“, die Gräfin warf ihrem Gatten einen schmelzenden Blick zu.

Fräulein Henriette zauderte, senkte den Kopf und flüsterte mit erstickter Stimme, wohin der Herr Graf denn denke? Sie, Tochter des Pastors von Wengern, werde niemals bei Pfarrer Landois Zutritt erhalten, geschweige, in den Besitz des kostbaren Vogels gelangen. „Theologie und Gastronomie sind sich meines Wissens noch nicht einmal im christkatholischen Westfalen in die Quere gekommen“, erklärte der Graf.

Der Himmel hatte sich aufgeheitert; Türme und Dächer der alten Bischofsstadt ragten in ein wässerig-helles Blau. Verzaubert wanderte Fräulein Henriette an der Seite des jungen Geistlichen auf schmalen kiesbestreuten Pfaden durch die zoologischen Anlagen. In Käfigen und umgitterten Bassins lebten Tiere, von deren Existenz Fräulein Henriette zwar durch die Briefe aus Java vernommen, die zu erblicken sie jedoch nie zu hoffen gewagt hatte. Da waren Schildkröten . . . (sehr klein, sie würden schwerlich eine kräftige Suppe ergeben), hier ringelten sich Schlangen, und dort

entdeckte Henriette einen abscheulichen Affen, der zu ihrer Bestürzung eine unverkennbare Ähnlichkeit mit dem alten Küster von Wengern aufwies.
Über den sachlichen Erklärungen des Zoologen vergaß Henriette nahezu, daß sie es mit einem katholischen Geistlichen zu tun hatte; ihre Zurückhaltung schmolz, und auch Pfarrer Landois, mehr Spott als Anerkennung für seine Forschungen gewöhnt, taute bei den intelligenten Fragen des Fräuleins sichtlich auf.
Das Fräulein stieß einen leisen Schrei aus, als es ein Volk von Pfauen entdeckte, das über den grünen Rasen dahinspazierte, die winzigen Köpfe mit den Federkrönlein hochgereckt, die Schweife zu leuchtenden Rädern entfaltet. Ein „Oh, oh“ entrang sich Henriettens Lippen, wobei sie unwillkürlich die Hand ihres Begleiters ergriff und heftig preßte. „Oh, Hochwürden, ich werde ihn füllen ... eine Farce aus Kalbfleisch und vielleicht Morcheln ... oder was meinen Sie, besser Trüffeln mit viel Sahne?“
Henriette biß sich auf die Zunge, sie begriff, daß sie sich um ein weniges

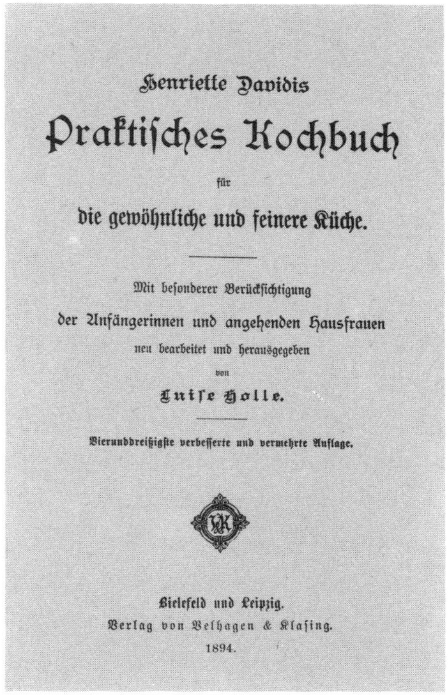
Henriette Davidis

Praktisches Kochbuch

für

die gewöhnliche und feinere Küche.

Mit besonderer Berücksichtigung

der Anfängerinnen und angehenden Hausfrauen

neu bearbeitet und herausgegeben

von

Luise Holle.

Vierunddreißigste verbesserte und vermehrte Auflage.

Bielefeld und Leipzig.

Verlag von Velhagen & Klasing.

1894.

verraten hätte. Der junge Pfarrherr blieb verwirrt stehen. Was beabsichtigte das Fräulein mit einem Füllen? Nicht umsonst warnte man die jungen Theologen vor der Torheit des Weibes. Frühe Kirchenväter . . . Chrysostomos zum Beispiel, verwarfen das weibliche Geschlecht in Bausch und Bogen; das ging entschieden zu weit, dachte der Pfarrherr, bereits infiziert von neuzeitlichen Ideen, die in der Münsteraner Luft umherschwirrten wie Leuchtkäferchen. „Ein Füllen, Fräulein? Nein, die Pferdezucht überlasse ich den adligen Herren."

In seiner Bestürzung setzte er sich auf die Gartenbank, auf der bereits das Fräulein Platz genommen hatte. Die Pfauen spazierten gravitätisch vor ihnen auf und ab.

„Diesen da", murmelte Henriette gedankenverloren. „Den jungen, es muß ein junger Pfau sein, die alten sind zäh, altes Geflügel taugt nicht. Wie, Hochwürden?"

Der Pfarrer war mit seinen Gedanken nach Java abgeschweift, Java, wie er es aus *Eberths Reiseberichten* kannte. „Trifft man im Dschungel auf Pfauen, ist gewöhnlich der Tiger nicht weit."

„Welch ein Segen, daß es in Westfalen keine Tiger gibt", sagte Henriette lächelnd, und dabei klopfte sie, ohne sich's bewußt zu werden, dem Geistlichen sanft auf den Arm.
Er versuchte wegzurücken, aber Henriette ließ nicht locker, sie hatte ihren Entschluß gefaßt. Der junge Pfarrer war verloren, und wenn nicht er, so doch der Pfau.
Sie erhob sich: „Ich nehme diesen, Hochwürden!"
„Ich verstehe nicht, Fräulein", sagte der Geistliche in ratlosem Ton. Es war offensichtlich, daß er nicht das geringste von Henriettens Absichten ahnte, als sie lächelnd, mit gespielter Selbstverständlichkeit hinwarf: „Was soll er kosten? Ich denke, mit 15 Talern dürfte er bezahlt sein."
„Aber Fräulein . . . mein Pfau! Ich veräußere meine Pfauen nicht", schrie der Pfarrer, von Entsetzen gepackt.
Es war zu spät. Schon flog Henrietten über den Rasen, schon legten sich ihre kräftigen Finger um den Hals des Vogels. Das Mark und Bein durchdringende Gekreisch schnitt dem Pastor wie ein Messer durchs Herz. Dann hatte Henriette den Pfau umgedreht, hielt ihn, unangefochten von den wild um sich schlagenden Flügeln, an den Füßen, so daß der Kopf nach unten baumelte. „Ach, das wird die Herrschaften aber freuen! Haben Sie vielen Dank, Hochwürden."
Bei diesen Worten drückte Henriette ihm das Silber in die Hand und enteilte mit ihrem Opfer.

Das Jagdfrühstück nach Henriette Davidis

Das Jagdfrühstück wird von den Herren und Damen um die Mittagszeit im Freien, und zwar meist einfach aus der Hand verzehrt, um nicht lange aufgehalten zu werden, sondern bald wieder ans Waidwerk zu kommen, weshalb auch selten Bestecke und Servietten mit hinausgeschickt werden. Das Frühstück besteht zunächst aus Butterbroten, am besten Brötchen, doch ist auch Schwarzbrot beliebt. Zwei Schnitten davon gelten für ein Brötchen. Ins Butterbrot legt man Fleisch verschiedener Art, als Kalbsbraten, Schinken, Röllchen von Schweinefleisch, Wurst und auch Käse. Die genannten Beilagen kann man zierlich aufgeschnitten auch auf Tellern hinausschicken, doch ist das erste Verfahren der Einfachheit halber vorzuziehen. Man rechnet auf jede Person vier Butterbrote und in diesem Verhältnis auch die Beilagen. Daneben gibt man eine kalte Pastete und einen Kuchen. Letzterer wird zerschnitten und auf jeden werden zwei bis drei Stück gerechnet. In einigen Gegenden sind auch Äpfel und Eier, nicht zu hart gekocht, beliebt.

Als Getränk pflegt man guten Rot- und Weißwein, auch Portwein und Madeira zu geben, und bei sehr kaltem Wetter heißen Punsch. Er wird in warmgemachte Krüge gefüllt und diese mit dickem wollenem Überzug versehen, damit das Getränk möglichst heiß bleibe. Was derart auch sei, man rechne auf jeden Herrn eine halbe Flasche.

Jäger, welche zur Dienerschaft gehören, erhalten die Butterbrote wie die Herren,

jedoch nur eine Sorte Fleisch und Käse, dazu jeder eine halbe Flasche gewöhnlichen Wein.
Die Treiber bekommen jeder eine Flasche Bier, auch wird wohl, wenn ältere Männer dabei sind, etwas Branntwein, doch nicht zuviel, mitgenommen. Jeder Treiber bekommt dazu ein tüchtiges Butterbrot, bestehend aus zwei Schnitten Schwarzbrot mit einem derben Stück Fleisch dazwischen, etwas Sauerbraten oder Schinken, sowie ein mit Butter bestrichenes Acht-Pfennig-Brötchen mit holländischem oder selbstgemachtem Käse. Sind die Äpfel wohlgeraten, so erhalten die Treiber wohl auch ein Körbchen davon. Für die Hunde wird Butterbrot, Fleisch und Wasser mitgenommen, „denn der Gerechte sorgt auch für sein Vieh!“
Bei der Rückkehr von der Jagd finden viele Herren und Damen es sehr angenehm, wenn in den Zimmern, worin sie sich umkleiden, gutes, recht kaltes Bier serviert wird; man stellt es in Deckelkrügen hin.

Pfau zu braten nach Davidis

Der halbwüchsige Pfau ist zum Braten am besten. Derselbe wird wie der Puter drei Tage vor Gebrauch geschlachtet, aber nur bis zur Hälfte des Halses gerupft, damit die Gäste ihn erkennen. Vom Kopf getrennt, wird der Pfau ausgenommen, in- und auswendig mit Pfeffer und Salz eingerieben, mit einem Lorbeerblatt, nebst etwas Petersilie und einigen Basilikumblättern gefüllt, aufgebogen, die Brust mit Speckscheiben belegt oder Brust und Schenkel mit fein geschnittenem Speck gespickt und langsam in Butter gebraten. Beim Anrichten wird der Kopf neben den Pfau gelegt und eine Austern- oder Kraftsauce, mit Zitronensaft geschärft, dazu gegeben.
Austernsauce: Man entferne von den Austern die sogenannten Bärte, lasse letztere mit einigen Körnern groben weißen Pfeffers in kräftiger Fleischbrühe auskochen und gebe sie durch ein Haarsieb. Dann mache man drei bis vier Eßlöffel Mehl mit reichlich Butter kraus, rühre dazu die oben bemerkte Kraftbrühe, Muskat, ein Glas Wein, Saft einer Zitrone und füge vor dem Anrichten die Austern mit ihrer salzigen Flüssigkeit hinzu sowie das etwa noch fehlende Salz. Man lege die Austern in die fertige Sauce, da Kochen sie hart werden läßt. Die Sauce wird mit ein bis zwei Eigelb abgerührt. Achtundzwanzig Austern reichen hin für sechs bis acht Personen.

Waffenstillstand wider Willen
oder
Apfelspeise Großherzogin Louise

Gemeint ist nicht irgendeine Louise, vielmehr die Großherzogin Louise von Baden, geborene Prinzessin von Preußen, schlichthin das preußische Luische genannt.

Räumen wir ein, die Behauptung, daß die Preußen bis in hohe und höchste Kreise zu strenger Sparsamkeit tendierten und Heringe mit Pellkartoffeln (nördlich der Mainlinie übliche Bezeichnung für die Schalenkartoffeln) ihre bevorzugte Nahrung bildeten, sei nichts als eine abscheuliche Verleumdung – ein, wenn auch kleiner Kern an Wahrheit dürfte dennoch darin zu finden sein.

Nachdem die Prinzessin Louise, Tochter Wilhelms I. und der Augusta, den Großherzog Friedrich I. von Baden geheiratet hatte, stellte der badische Hof sehr bald gewisse unliebsame Veränderungen fest, die, daran konnte kein Zweifel bestehen, auf die haushälterischen Neigungen der jungen Fürstin zurückzuführen waren.

Die badische Küche hatte es seit eh und je verstanden, schweizerische, elsässische und bis zu einem gewissen Grad auch französische Anregungen aufzunehmen und so das Deftig-Nahrhafte mit einem durchaus schätzenswerten Raffinement zu verbinden.

Es ließ sich leider nicht leugnen, daß es der Großherzogin an Verständnis für derartige Feinheiten fehlte. Da es ihr aber auf einem andern vergnüglichen Gebiet ebenfalls an Verständnis mangelte, sahen sich die lebensfrohen Genießer bei Hof unversehens auch noch um die lässigsten aller Sünden, die Gaumensünden, betrogen. Kein Wunder, daß sich bei den ehemals berühmten Diners am Karlsruher Hof etwas wie Enttäuschung breitmachte.

Louisens Verdienste lagen auf anderer, höherer Ebene. (Louise erwarb sich im Lauf eines langen Lebens außerordentliche Verdienste.) Sie hatte Courage, preußische Courage, und so beschloß denn das Luische, wie eine

J. LEVY.

keineswegs unglaubwürdige Legende behauptet, auf eigene Faust und Verantwortung eine kriegerische und damit mörderische Auseinandersetzung auf heimischem Boden – nämlich zwischen den Orten Hardheim und Külsheim, sie liegen im nördlichen Zipfel von Baden – in höchsteigener Person zu verhindern.

Man schrieb 1866; die preußische Mainarmee hatte den gegnerischen Truppen schwere Schläge zugefügt und verfolgte nun die nach dem Gefecht bei Tauberbischofsheim zurückflutenden Reste in der feindseligen Absicht, ihnen endgültig den Garaus zu machen.

Hier nun zeigte sich im entscheidenden Augenblick auf den Anhöhen eine Kutsche, in der eine zierliche kleine Dame saß, die, wie die Generäle beider Parteien in lähmendem Entsetzen erkannten, niemand anderes war als Badens Landesmutter. Und da es unmöglich, weil unritterlich gewesen wäre, jede Rücksicht fahrenzulassen und die Großherzogin samt Kutscher, Kutsche und Pferden aus dem Weg und in den nächsten Acker zu befördern, war es aus mit dem Bruderkrieg und dem Traum vom blutigen Lorbeer.

Statt dessen flocht sich desselben Abends die Wirtin eines Dorfgasthofes einen Küchenlorbeerkranz. Zitternd an Arm und Bein vor Aufregung ob der Ehr, war sie geistesgegenwärtig genug, ein ordinäres Apfelkompott mit Hilfe von Eiern, Mandeln und Zucker in ein der Frau Großherzogin würdiges Dessert zu verwandeln: *Apfelspeise Großherzogin Louise!*

Apfelspeise Großherzogin Louise

Man nehme etwa fünfzehn Äpfel, am besten Borsdorfer, und bereite ein gutes Kompott, das man in eine Auflaufform füllt. Hierauf rühre man das Gelbe von vier Eiern mit einem viertel Pfund Zucker recht schaumig, füge ein viertel Pfund geriebene Mandeln hinzu, ziehe zuletzt das zu Schaum geschlagene Eiweiß darunter, streiche es mit Sorgfalt auf das Kompott und backe es bei mittlerer Hitze zwanzig Minuten, bis es eine lichte Bräune annimmt. (Für sechs bis acht Personen.)

Eine höfische Kabale
oder
Menü für ein Hochzeitsdiner

„Herr Oberst", sagte der Garkoch Franz Horber, schwenkte die Suppenkelle – mundartlich Schöpfer – und hielt sie mit ausgestrecktem Arm über den weißbemützten Kopf, „so wahr der Schöpfer über mir ist und Freiburger Erd' unter meinen Füß', was ich weiß, das weiß ich, und bei der Affär' damals ist's nicht mit rechten Dingen zugegangen."
„Besinn Er sich, Horber! Mir scheint, Er hat heut wieder mal zu tief ins Glas geguckt", sagte der Oberst, band sich eine Damastserviette von der Größe einer Kinderwindel um den Hals, griff nach dem Löffel und tunkte ihn in die *Grünkernsuppe.*
„Grünkernsuppe . . ." Der Garkoch zog es vor, die Verdächtigung zu ignorieren. „Ich mein' als, Grünkernsupp' ist das beste Entré (es klang wie Angträ) für ein fein's Essen, wie sich's Herr Oberst erwarten. Leicht verdaulich, samtig auf der Zung', wie hochselige Frau Großherzogin Stephanie zu urteilen geruhten. Herr Oberst werden mir recht geben."
„Item", sagte der Oberst etwas undeutlich, denn er zerdrückte gerade das letzte der in der Suppe schwimmenden *Markklößchen*, „und was schlägt Er mir als nächstes vor? Keine neumodischen Fisematenten, das will ich mir ausgebeten haben, Horber."
Der Oberst drehte den Kopf, warf einen Blick durch die leicht gebuckelten, grünlichen Scheiben der Gaststube und schob die borstigen, lohfarbenen Augenbrauen hoch, als er die hagere Gestalt eines Herrn im grünen Kragenmantel entdeckte, der, seinen Malakkarohrstock schwenkend, sich den Weg durch das Gewühl der Marktleute auf dem Münsterplatz bahnte.
„Bin so frei." Der Garkoch trat neben seinen Gast und spähte ebenfalls durchs Fenster. „Ein böser Mensch, bös, wo ihn die Haut anrührt, der Major Hennenhofer, wenn Herr Oberst gestatten, mich dahingehend zu äußern. Ein ruhig's Gewissen ist ein sanft Ruhekissen, aber den Major Hennenhofer, den treibt's um, solang er lebt, seit der Geschichte mit dem

Kind, unserm für tot ausgegebenen Erbprinzlein. Im Grab wird er keine Ruh' nicht finden, der Major Hennenhofer!"

Der Oberst stieß einen mürrischen Brummton aus: „Wissen wir, wissen wir, aber Beweise? Pah, nicht einen stichhaltigen Beweis." Der Garkoch, im Begriff zu antworten, klappte rasch den Mund zu.

„Nun, und was offeriert Er mir sonst? Potz Blitz, Er wird sich wohl nicht einbilden, daß ich meiner Tochter Hochzeitsdiner mit einer Suppe zu bestreiten gedenke."

Wieder drehte der Oberst den Kopf zum Fenster und folgte mit den Blicken dem Herrn im grünen Kragenmantel.

Der Garkoch verschwand und kehrte mit einer abgedeckten Silberplatte zurück. Er lüftete den Deckel und präsentierte die auf Spargelspitzen und Zuckererbsen gebetteten *Hummer-Croquetten.* „Als ein Kostpröble, Herr Oberst, nur so zum Knuspern!"

Der Oberst stach mit der Gabel zu. „Und was hält Er von Austern?" Der Koch kratzte sich hinter den Ohren, wo ihn der steifgestärkte Rand der Mütze drückte. Des gnädigen Fräulein Mathildens Hochzeit fand bedauerlicherweise im Sommer, nicht zur Austernsaison statt. Der Garkoch kratzte sich heftiger, räusperte sich und druckste an dem Vorschlag herum, ein Gericht zu servieren, das gemeinhin als *Falsche Austern* bezeichnet werde. „Sehr deliziös, wenn gut gemacht, Herr Oberst."

„Damit mag Er den Major Hennenhofer vergiften, woran ich ihn nicht hindern werde. Laß Er mich dergleichen kein zweites Mal hören, Horber!"

Der Oberst langte nach dem Glas, trank und rollte den Schluck, die Augen halb geschlossen, träumerisch auf der Zunge.

Der Herr im Kragenmantel stand plötzlich so isoliert, als habe eine unsichtbare Hand die Menschen auf dem Platz erfaßt und zur Seite geschoben. Wiederum sahen beide, der Oberst und der Koch, hinaus. Der Herr stand mit zurückgelegtem Kopf und starrte zu einem der Wasserspeier hinauf.

„So steht er oft, Herr Oberst, gafft und wartet darauf, daß der Teufel herunterfährt und ihn holt ... Dann vielleicht als Zwischengericht *Gansleber sauté* auf Toast, garniert mit hübsch gehacktem Aspik und Brunnenkresse. Hochselige Frau Großherzogin Stephanie geruhten einen zarten Magen zu haben, sozusagen ein fürstliches Mägele, aber fühlten sich niemalen gedrückt von Gansleber sauté nach Horber."

„War mal eine schöne, eine sehr schöne Frau, die Stephanie Beauharnais",

murmelte der Oberst. „Nie begriffen, weshalb der Napoleon, ich meine, Seine Majestät Kaiser Napoleon, seine Stieftochter an diesen wasserköpfigen Simpel von einem Großherzog gegeben hat. Armes Ding!"
„Politik, Herr Oberst, höfische Politik." Der Garkoch benützte die Gelegenheit, sich für einen Augenblick zu retirieren, um seine trockene Kehle durch einen Schluck Kaiserstühler anzufeuchten.
„Will Er mich hier verhungern lassen, Horber? Aha, schon besser, *Kapaun mit Oliven*! Oliven erinnern mich immer an Spanien, an den spanischen Feldzug unter Marschall Junot, anno 1808. Da lachte einem doch das Herz im Leibe, Horber, als die badischen Leibdragoner, ich an der Tête, wie Blitz und Donner die schöne Stadt Valencia stürmten. Eine schöne, eine herrliche Stadt, Valencia, und drei Tage zur Plünderung freigegeben." Der Oberst versank in Gedanken an die Spitzen, aus denen er damals die Marquesa ausgewickelt hatte. Ein feuriges Weib, gewissermaßen ein Vulkan in einem Leibe wie aus Marmor. Mathildchen, das unschuldige Lamm, konnte die Spitzen als Brautschleier tragen. Oh, Spanien und die Marquesa waren eine Sünde wert gewesen.
„Wenn's dem Herrn Oberst beliebt", der Garkoch wechselte Teller und Besteck, erblaßte und ließ eine Gabel fallen. „Da geht er, Herr Oberst, der Kindsräuber, der elende. Wenn's die *Spanische Bombe* sein dürfte?"
„Er redet mir zuviel, Horber", sagte der Oberst leicht schnaufend. „Wenn man ihn hört, könnte man glauben, die Großherzogin Stephanie habe ihn persönlich ins Vertrauen gezogen."
„Ah bah, wo denken Herr Oberst hin! 's Personal, gerad' herausgesagt, es mag noch so geheim zugehen bei den hohen Herrschaften, unsereins kommt's zu Ohren. Das Personal hat's 'rausgebracht über kurz oder lang, wie alles abgekartet und ausgeführt worden ist und der Major Hennenhofer es angestellt hat, den Erbprinzen aus der Wiege herauszustehlen und statt seiner einen toten Säugling in die fürstlichen Windeln zu praktizieren."
„Glaube ich nicht, Horber. Laß Er mich jetzt die Spanische Bombe versuchen, einen Löffel voll, ehe Er mir Obst und Käse bringt."
Der Garkoch enteilte. Für eine Weile sich selbst überlassen, saß der Oberst am Tisch. Es mochte etwas daran sein, wenn man es so recht überlegte. Hm ja, um die Zeit, als er mit den Leibdragonern auf dem Rückzug im russischen Schnee steckte, da war das Malheur geschehen, der zukünftige Erbprinz tot, der Hof in tiefer Trauer. Bis auf einen, und der war keineswegs traurig. Denn nun war es zu Ende mit der direkten Erbfolge

aus der ersten hochfürstlichen Ehe des in Gott ruhenden Großherzogs Carl Friederich. Jetzt ging die Krone auf den ältesten Sohn aus der zweiten Ehe über. Die zweite Ehe aber, die der alte Herr, vom Johannistrieb geplagt, mit einem Fräulein vom Adel eingegangen, war nur eine morganatische, zur linken Hand geschlossene Ehe. So betrachtet, war der nun regierende

Großherzog Ludwig nur ein halber Zähringer. Halb oder ganz, wie man's nahm. Der Garkoch trug die Spanische Bombe auf.
„Setz Er sich, Horber, und nimm Er sich ein Glas Champagner", sagte der Oberst leutselig.
Der Garkoch zierte sich ein wenig ob der Ehre, denn er war ein Mann, der wußte, was sich schickte, ehe er sich mit angemessenem Respekt auf die Stuhlkante sinken ließ.
„Und was mit der Hebamme? Die großherzoglichen Damen haben stets über eigene Hofhebammen verfügt." Der Oberst dämpfte die Stimme und beäugte die Süßspeise.
„Grad' das war's ja, Herr Oberst. Die Hebamme, die hat doch keiner je gekannt. Das war doch eine Fremde, aus dem Bruchsalschen war die." Der Garkoch verzog das Gesicht, als habe sich der Champagner in seinem Mund in Vitriol verwandelt. „Freilich, freilich, das war ganz und gar ungewöhnlich und hat kein Mensch begriffen, wie es hergegangen ist, daß gleich beide Hebammen, die bei Hof die Ehre hatten, zu entbinden, an der blutigen Ruhr oder der Dysenterie erkrankt und niemand anders aufzutreiben war als eben die Bruchsalsche. Ob ich die Person gekannt hab', Herr Oberst? Mehr, als mir lieb war. Wie's im Schloß heißt, das Prinzlein ist tot und eine Mandelmilch muß her, Horber, Mandelmilch schlägt die Vapeurs nieder, die Frau Großherzogin Stephanie, gottselig, die war ja wie vom Schlag gerührt vor Aufregung und Kummer, und es wurde das Ärgste, wenn nicht sogar ein Blutsturz befürchtet, da steht die Bruchsalsche in meiner Schloßküch' und heult in ihre Schürz', Zähren dick wie Datteln, und lamentiert, das habe sie nie und nimmer gewollt und sie sei so unschuldig wie das unschuldige hochfürstliche Blut, das der Herr im grünen Umhang aus der Wiege genommen, ein tot's aus seinem Mantel hineinpraktiziert und das echte davongetragen habe. Da, Herr Oberst, ist der Heilig' Geist über mich gekommen mit aller Macht. Ich hab' grad' das Hackmesser bei der Hand gehabt, und so bin ich auf das Weib zugesprungen mit einem Satz, wie ein Rehbock, und hab' die Wahrheit zu wissen verlangt. Schriftlich, Herr Oberst! Habe es selbsten niedergeschrieben, wie gestochen, ohne mich zu rühmen, denn schreiben hat sie nicht gekonnt, die Person, sie hat ein Kreuz als Unterschrift gemacht und dabei so gezittert, daß schier ein Galgen draus geworden ist.
Ja, Herr Oberst, das Schriftstück habe ich viele Jahre gut aufbewahrt, aber wie dann der Rumor losgegangen ist, landauf, landab, und es auf einmal

geheißen hat, in der Stadt Nürnberg lebt ein junger Mensch, der nennt sich Kaspar Hauser, nom de guerre, Herr Oberst, groß, schön, auch blond, ganz das Ebenbild vom Großherzoglichen Herrn Großvater, aber armselig gekleidet, halb blind, sintemalen in einem Kerker aufgezogen . . ., sehen, Herr Oberst, da ist eines Tages ein Herr im grünen Mantel in die Küche zu dem Leibkoch der Frau Großherzogin Stephanie getreten und hat ihm bewußtes Schreiben, wo die Bruchsalsche ihr Kreuz darauf gemacht hat, abgefordert, mit der Pistole in der Hand!"

„Dies, lieber Horber, scheint mir, meiner Treu, eine Badische und keine Spanische Bombe", sprach der Oberst und stieß den Vorleglöffel in das schaumig aufgetürmte und nun unter dem Druck des Löffels wie eine Granate berstende Gebilde aus Franz Horbers Meisterhand.

Grünkernsuppe Odenwälder Art

Es wird berichtet, daß anno Domini 1817 in den nördlichen Teilen des Großherzogtums Baden als Folge einer vorangegangenen Mißernte eine solche Hungersnot herrschte, daß die Bauern genötigt waren, den Weizen bereits im Juni zu schneiden, die noch grünen und milchigen Körner auf dem Herde zu trocknen und sich so einen Vorrat zu gewinnen, aus dem sich eine Suppe bereiten ließ.
Der Grünkern wird noch heute mancherorts in Nordbaden aus einer Weizenart (Spelz) gewonnen. Im Juni geschnitten, werden die grünen Ähren auf erhitzten großen Darren getrocknet und dann zur weiteren Verarbeitung an die Suppen- und Teigwarenfabriken versandt.
Das dort gewonnene mehlige Pulver hat mit dem echten, köstlichen Grünkern wenig gemein. Will man sich echten Grünkern verschaffen, wende man sich vertrauensvoll an Orte wie Hardheim, Altheim oder Höpfingen im Kreise Buchen im badischen Odenwald, wo selbiger noch immer in der ursprünglichen Art zu erhalten ist.
Ein Pfund Grünkern wird über Nacht in reichlich Wasser eingeweicht und am nächsten Tage unter Zugabe von Suppengrün so lange gekocht, bis die Körner weich genug sind, um durch ein Haarsieb oder den Mixer getrieben zu werden. Diese nun breiartige Masse wird mit guter Fleischbrühe zugesetzt und zum Kochen gebracht. Vor dem Anrichten verrühre man zwei Eidotter mit einer Tasse saurem Rahm und quirle es in die sanft ziehende Brühe. Man richtet die Suppe gern mit Markklößchen an; es genügt indes, sie mit gerösteten kleinen Weißbrotwürfelchen zu reichen. Grünkernsuppe, aus der Not geboren, zählt zu den feinsten, aber nur wenigen Kennern bekannten Suppen.

Markklößchen

Ein viertel Pfund Ochsenmark lasse man in milder Wärme zergehen, seihe es durch und rühre es schaumig ab, salze es leicht, gebe drei Eidotter, hundert bis hundertdreißig Gramm Weckmehl hinzu, eine Prise Muskat, ein wenig Schnittlauch und ziehe schließlich den steifgeschlagenen Eischnee unter. Man gebe der Masse Zeit zu stocken, worauf man Klößchen formt, welche man in der Suppe etwa eine Viertelstunde lang aufkochen läßt. Doch soll die Suppe nicht heftig wallen, vielmehr nur perlen.

Hummer-Croquetten

Man nehme entweder einen Hummer aus der Dose oder bediene sich eines frischen Hummers, den man dann koche, auslöse und erkalten lasse. Zwölf schöne Champignons werden in Butter mit etwas Zitronensaft gedünstet und nebst dem Hummerfleisch in kleine Stücke geschnitten. Dann dämpfe man sechzig Gramm Mehl und fünfzig Gramm Butter hellgelb, lösche die Einbrenne ab mit einer halben Tasse Fleischbrühe, einer halben Tasse heißer Sahne, einem kleinen Glas Madeira, gebe Salz, Pfeffer und einen Hauch Muskatblüte hinzu, vermische es behutsam mit den Hummer- und Champignonstückchen, ziehe die Masse mit drei Eidottern ab und lasse erkalten. Dann steche man mit einem Löffel längliche Croquetten aus, paniere sie in dem zu Schnee geschlagenen Eiweiß der drei Eier und geriebenem Weißbrot und backe sie goldgelb.

Hierzu paßt folgende Sauce: Die Abfälle des Hummerfleisches werden mit Butter, etwas Mehl, drei Teelöffeln Tomatenmark, einer geriebenen kleinen Zwiebel und einer Tasse Fleischbrühe heiß gerührt; hierauf passiere man das Gemisch durch ein Haarsieb, verrühre vier mit Rahm verquirlte Dotter darin und schlage die Sauce im Wasserbad (au bain de Marie) glatt und glänzend.

(Für sechs bis acht Personen.)

Falsche Austern

Man wasche zwei Kalbsbrieschen gründlich, reinige sie und hacke sie. Darauf bereite man aus einem nußgroßen Stück Butter, sechzig Gramm Ochsenmark, einer kleinen geriebenen Zwiebel, fünf bis sechs fein gewiegten Sardellen, einem vorher in Milch eingeweichten, gut ausgedrückten Brötchen sowie drei Eßlöffeln geriebenem Parmesankäse eine cremige Masse. Diese vermenge man mit dem Brieschen, fülle sie in hübsche Muschelförmchen und backe sie eine halbe Stunde bei Mittelhitze.

(Für vier Personen.)

Gansleber sauté

Die Gänselebern (zwei bis drei) werden einen halben Tag lang in Milch gelegt, herausgenommen, abgetrocknet und mit Trüffeln gespickt, worauf man sie eine halbe Stunde in Butter dämpft. Hierauf richte man eine Soße aus gutem Bratensaft, einem Gläschen Madeira, geschnittenen Trüffeln und Champignons und lasse die Lebern unter leichtem, doch emsigem Rühren der Soße darin eine knappe Stunde kochen. Hierauf forme man einen Sockel aus geröstetem Weißbrot, lege die in Scheiben geschnittenen Lebern darauf und gieße die Soße darüber.
(Für vier bis sechs Personen.)

Kapaun mit Oliven

Der Kapaun wird, nachdem er geputzt, beziehungsweise aufgetaut ist, schön dressiert, auf der Brust mit Speck gespickt, mit Salz und etwas Pfeffer eingerieben und hierauf unter Zugabe einer fein geschnittenen Zwiebel in etwas Fleischbrühe auf schwachem Feuer gebraten. Dann wird er mit folgender Soße zu Tisch gegeben: Man wiege Schalotten und Petersilie recht fein, gebe sie in eine Kasserolle, schütte Fleischbrühe daran und lasse alles eine Weile kochen, gieße noch ein Glas Rotwein dazu sowie ein Ei groß frische Butter, in die man einen Eßlöffel Mehl eingeknetet hat. Man koche die Soße eine halbe Stunde, immer bei gelindem Feuer, entferne inzwischen die Steine aus den Oliven oder nehme ausgesteinte Oliven, gebe sie in die Soße und lasse sie einige Minuten darin ziehen. (Für vier bis sechs Personen!)

Spanische Bombe

Ein halber Liter Schlagsahne, ein viertel Pfund geriebene Nüsse, ein viertel Pfund zerbröselte Makronen, ein viertel Pfund Zucker, eine Prise Vanillezucker werden zart verrührt, hierauf der Schnee von vier Eiern durchgezogen und zuletzt ein Päckchen weiße, ein halbes Päckchen rote, nach Vorschrift aufgelöste Gelatine hinzugefügt.
Man fülle die Speise in eine hübsche Schüssel und stelle sie sehr kalt bis zum Servieren.
(Für acht Personen.)

Das Grüne Chartreus'chen
oder
Café au parfait nach Herzoginnenart

Sie waren Schwägerinnen, die Bomben-Olga und das Grüne Chartreus'chen, sie lebten in derselben Stadt, einer sehr alten, sehr kleinen Stadt im Herzen romantischer Wälder. Die Jüngere, aus Gründen, über die noch zu sprechen sein wird, Bomben-Olga genannt, residierte im Großen Schloß, einem zinnengekrönten, vieltürmigen Bau; die um ein weniges Ältere, das Grüne Chartreus'chen, im Wittumspalais. Wie unschwer zu erraten, waren beide aus fürstlichem Haus, um es genau zu präzisieren, es waren die regierende und die verwitwete Herzogin von XYZ.
Zu regieren hatte es im Herzogtum XYZ nie viel gegeben, der Titel, der größer war als die Macht, warf zwar einen gewaltigen Schatten, aber, wie es nun einmal ist, ein noch so großer Schatten bleibt seinem Wesen nach ohne Substanz.
Seit den Tagen des Wiener Kongresses war es bergab gegangen, hinab zur Mediatisierung, dem gänzlichen Verlust der Souveränität.
Allein wenn auch das kleinste unter den Fürstentümern, so durfte man sich doch der engen, ja engsten Verwandtschaft mit nahezu sämtlichen regierenden Herrscherhäusern rühmen, nachdem die ihrer Pflicht sich bewußten Herzoginnen es nie versäumt hatten, für ein wohl assortiertes Angebot heiratsfähiger Prinzen und Prinzessinnen zu sorgen.
Und nun sollte es sich zeigen, daß man trotz besagter schlechter Zeiten zu repräsentieren verstand. Seine Königliche Hoheit, Prinzgemahl einer im kaum getrübten Glanz regierenden Königin, hatte sein Erscheinen zur Hubertusjagd in Aussicht gestellt; zwei volle Tage und Nächte, achtundvierzig Stunden somit, sollten der Herzog und mit ihm beide Herzoginnen das Glück der hohen Gegenwart genießen.
Die Vorbereitungen, durch die Umstände, den Mangel an Personal, von den Unkosten zu schweigen, erschwert, waren in vollem Gang. Die regierende Herzogin entschloß sich nolens volens, einen Koch zu enga-

gieren, ließ sich nach langwierigen Überlegungen beziehungsweise Berechnungen ein neues Abendkleid machen und willigte großmütig ein, den alten Lakaien, gewissermaßen einen letzten Überlebenden seines Stammes, mit der Herzoginwitwe zu teilen.
Nach mehreren mit Heftigkeit geführten Kämpfen im Schoß der Familie einigte man sich darauf, daß der Herzoginwitwe als der älteren die Ehre zustehen sollte, das Empfangsdiner für den hohen Gast zu geben.
„Der lieben Olga wird ein Stein vom Herzen fallen", sagte das Chartreus'-chen, „es wäre doch zu peinlich, sich bereits am ersten Abend zu blamieren."

Eine Bemerkung, auf die hin die regierende Herzogin explodierte. Was niemand erstaunte, da bereits ein winziger Funke hinreichte, um Olgas Temperament zu entzünden, so daß ihre blauen Augen Feuer sprühten, ihre Wangen sich mit dunkler Röte färbten und die kraftvolle Stimme durch die Flucht der Gemächer dröhnte. Die Ausbrüche der Fürstin jagten ihrer Umgebung das peinliche Gefühl ein, sich in unmittelbarer Nähe einer platzenden Bombe zu befinden.

Die verwitwete Herzogin indes war viel zu taktvoll, um die Taktlosigkeiten ihrer Schwägerin nicht zu überhören.

Ob es nun die Vorliebe der Herzoginwitwe für Grün war, Grün in allen Nuancen und Schattierungen, die den Fürsten P. veranlaßt hatte, sie das Grüne Chartreus'chen zu nennen, oder ob er damit auf eine gewisse aromatische Schärfe anspielte, die charakteristisch für den Nachgeschmack dieses edlen Likörs ist, sei dahingestellt.

Der Herzoginwitwe, eine Dame von vornehm raffinierter Eleganz und vollendeter Liebenswürdigkeit, traf ihre Maßnahmen mit bewundernswerter Umsicht. Sie setzte sich nicht nur in Kenntnis des im Großen Schloß für das Galadiner entworfenen Menüs (in aller Harmlosigkeit und nur aus weiblichem Interesse) und knüpfte gleichzeitig ein Gespräch mit dem Hofgärtner an; es gelang ihr auch mit ihrem berühmten Charme die für die regierende Herzogin arbeitende Schneiderin zu berücken.

Als Seine Königliche Hoheit, der Prinzregent, mit den Herzoglichen Hoheiten auf den Glockenschlag – Pünktlichkeit ist die Höflichkeit der Könige – im Wittumspalais erschien, empfing die Herzoginwitwe ihre Gäste in einer Toilette, die bis in die kleinste Einzelheit der Toilette nachgearbeitet war, in der die regierende Herzogin am nächsten Tage beim eigenen Galadiner im Großen Schloß aufzutreten beabsichtigt hatte.

Die Schneiderin hatte sich als eine Schlange erwiesen! Auch der Gärtner war zum Verräter geworden; dasselbe Blumenarrangement, das die regierende Herzogin entworfen hatte, schmückte die Tafel der Herzoginwitwe! Nicht genug damit, die erlesene Speisefolge, die das Chartreus'chen servieren ließ, nahm von der *Kartäuser-Suppe* bis zum *Café au parfait* alles vorweg, was die regierende Herzogin bei dem zu einem exorbitanten Lohn engagierten Küchenchef bestellt hatte.

Mit leicht bebender Hand und rotem Kopf schenkte der zwischen den Damen geteilte Lakai denselben Wein ein, den der Herzog eigens für seinen Gast in den Kellern des Großen Schlosses ausgesucht hatte.

Niemand wird sich wundern, daß aus dem Grünen Chartreus'chen seitdem das Giftgrüne Chartreus'chen geworden ist.

Kartäuser-Suppe

Man schneide drei mittelgroße Zwiebeln, zwei Karotten, einige Champignons und vier Artischokenböden in Scheiben, dünste sie mit Salz, Pfeffer und ein wenig gehacktem Spinat in Butter langsam eine Viertelstunde lang, füge sodann anderthalb Liter kochendes Wasser hinzu und koche alles langsam so lange, bis man das Gemüse durch ein Sieb passieren kann. Nunmehr bereite man aus drei feingewiegten Hühnerbrüsten, drei Eiern, Reibbrot, etwas Salz und gewiegter Petersilie kleine Klößchen, die man kurz vor dem Anrichten der Suppe zufügt.
(Für sechs Personen.)

Café au parfait nach Herzoginnen-Art

Es werden benötigt ein viertel Pfund Löffelbiskuit, ein viertel Pfund feiner Zucker, ein viertel Pfund Butter, vier Eidotter und vier Eßlöffel allerstärkster Kaffee. Die Butter wird zu Schaum gerührt, dann sehr langsam der Zucker und die vier Eidotter hinzugefügt; zuletzt der völlig erkaltete Kaffee tropfenweise eingerührt.
Nunmehr werden die Biskuits lagenweise auf eine hübsche Platte gesetzt und jede Lage mit Kaffeecreme sorgfältig bestrichen. Zuletzt überziehe man diesen Scheiterhaufen dick mit besagter Creme, worauf er zumindest über einige Stunden kühl zu stellen ist; am besten über Nacht. Vor dem Anrichten garniere man das Ganze mit Schlagsahne, die man zierlich auftürmt.
(Für sechs bis acht Personen.)

Diner du 31. Octobre.

Le potage de tortue.
Le potage au suprême.
Les huîtres aux naturelles et grillées.
Les homards en galantine à la royale.
Le saumon du Rhin } *sauce aux huîtres.*
Les truites au bleu } *sauce hollandaise.*
Le roastbeef aux choux fleurs.
Les ortolans à la provençales.
La purée de faisan à la polonaise.
Les asperges en branches, garnis de cervelat et saucisson de Lyon.
La hûre de sanglier sauce Cumberland.
Les perdreaux rouges truffés } *roties.*
Les alouettes }
Le pouding crême brulée à la vanille.
La timbale à la florentine au vin de Champagne.
The Queen cakes.
La glace à l'ananas.

Die fromme und die frivole Tante
oder
Anweisungen zum Einlegen von Nüssen

Alljährlich im Juni, und zwar zu Johanni machte sich Tante Ottilie auf, um ihre liebe Verwandte Antonie zu besuchen. Es läßt sich nicht leugnen, daß weder eine besonders herzliche Zuneigung noch Liebe zur Natur oder gar das Verlangen nach der romantischen Einsamkeit des Odenwaldes Tante Ottilie veranlaßten, der Stadt den Rücken zu kehren und sich aufs Land und in das Schloß der lieben Antonie zu begeben.

Gerade heraus, es war der unwiderstehliche Wunsch nach grünen Nüssen, die, wie bekannt, genau um Johanni jenen Zustand erreicht haben, der das Einlegen oder Einmachen der noch unreifen Frucht gestattet, der Tante Ottilie und Tante Antonie zusammenführte.

Tante Ottilie hatte von frühester Jugend an der Welt und ihren Lüsten entsagt und ihren Sinn auf das Ewige gerichtet. Eine Weile hatte Ottilie sogar mit dem Gedanken gespielt, den Schleier zu nehmen, um sich und ihr Leben Gott zu weihen.

Weltliche Eitelkeit focht Tante Ottilie nicht an. Die Jahre kamen, die Jahre gingen, das blonde Haar wurde grau und schütter, die zarte Gestalt zerbrechlich; Tante Ottiliens Kleider – sie als Toiletten zu bezeichnen, wäre eine verwegene Übertreibung – blieben sich unverändert gleich in Schnitt und Farbe. Tante Ottiliens weite, schwarze Röcke, mit Besenlitze gesäumt, fegten raschelnd über die Steinfliesen des Münsters, in dem sie allmorgendlich die Messe besuchte.

Über die hochgeschlossene, den Oberkörper gänzlich verbergende „Taille“ fiel eine Pelerine von schwarzem Samt, unter der sich das Ende des Rosenkranzes erkennen ließ, der von Tante Ottiliens gefalteten und zur Brust gehobenen Händen herabhing. Auf den von einem Chenille-Netz bedeckten Haaren schwebte ein schmuckloses schwarzes Kapotthütchen.

Tante Ottilie, alles andere als arm, vielmehr recht wohlhabend und, wie die Bedürftigen aller Stände jederzeit erfuhren, sehr wohltätig, bewohnte eines jener reizenden Häuser, mit denen der Architekt Weinbrenner die Stadt geschmückt hatte. Zwei ältliche Wesen, eine Köchin und ein Stubenmädchen, sorgten für die Ansprüche der Tante und ertrugen, ins Unvermeidliche ergeben, ihre Marotten.

So hatte, um ein Beispiel zu nennen, das Stubenmädchen Lidwine, wenn die Tante zu baden wünschte, die Wanne mit einem eigens zu diesem Zweck angefertigten Brett abzudecken, aus dem nur der Kopf und der durch einen Flanellkragen geschützte Hals des Fräuleins hervorragten. Denn die fromme Tante pflegte in einem bis auf die Füße wallenden Hemd zu baden, und besagtes Brett verwehrte jeden möglichen oder vielmehr unmöglichen Blick auf die sündhafte Leiblichkeit.

Selbst der hochwürdige Herr Domkapitular fand, daß Fräulein Ottilie es mit der Keuschheit zu weit treibe, als er sie eines Tages anläßlich einer Spendensammlung für Heidenkinder aufsuchte und ihm Frieda, die Köchin, die Tür öffnete. Leicht betroffen studierte der hochwürdige Herr den formlosen Sack, der an Stelle einer adretten Schürze die kraftvoll schwellenden Formen des Mädchens bedeckte.

Tante Ottilie spendete reichlich für Heidenkinder jeglicher Hautfarbe; Köchin und Jungfer waren auf die Herstellung grauer Wollstrümpfe und warmer roter Unterröcke für Negerkinder spezialisiert. Die Tante betete inbrünstig um die Bekehrung der Ungetauften in heißen und kalten Ländern, für Gottlose, Freigeister und Liberale.

Feurige Gebete stiegen zum Himmel für die Rettung „respektabler Andersgläubiger"; armer verführter Schafe, für deren Rückkehr in den Schoß der Kirche sie allmorgendlich zu flehen pflegte. Allein, so großherzig sie sich für das Heil „wirklich frommer Andersgläubiger" einsetzte, eben der respektablen, für die Seelenrettung der Reformierten erschien selbst ein einziges Vaterunser zuviel. Dort wo sich diese Unseligen nun aufhielten, half nach Ansicht der frommen Tante kein noch so heißes Gebet.

„Da ist Hopfen und Malz verloren, wie, Ottilie?" bemerkte Tante Antonie mit zynischem Humor. Tante Ottilie zuckte schmerzhaft zusammen.

„Was in aller Welt, meine Teure, hat dich eigentlich davon abgehalten, ins Kloster zu gehen? Du ziehst dich an wie eine Nonne, verbringst dein Leben in der Kirche, drückst die Augen zu, sobald ein Mann in der Ferne auftaucht, fastest . . ." Tante Antonie schöpfte Atem.

„Also was?" Tante Antonie trieb Tante Ottilie in die Enge. „Weshalb nicht ins Kloster?"

„Weißt du, Antonie“, bekannte Ottilie bekümmert, „. . . wenn sie nicht so miserabel kochen würden in den Klöstern. Ich habe mich selbst überzeugt, das Essen ist einfach ungenießbar bei den Nonnen.“
Tante Antonie blies eine Rauchwolke von sich, sie rauchte nämlich Zigarren, Virginias.
„Tja, meine Teure, in unserm Alter bleiben eben nur die Gaumensünden.“
Mit diesen Worten nahm Antonie sich ein weiteres Stück *Wiener Guglhupf.*
Die beiden Damen, die fromme und die frivole Tante, von Grund auf

verschiedene Charaktere, waren nur in einem einzigen Punkt einig: Sie schätzten die erlesenen Freuden der Tafel. Im Gespräch über die Zubereitung des echten *Kirschenplotzers* vergaßen sie den Abgrund, der sie trennte.
Tante Antonie stand mit beiden Füßen – Schuhgröße 43 – fest auf der Erde. Es wäre übertrieben, ihr mondäne Neigungen zuzuschreiben, längst schon hatte sie dem Schnürleibchen Valet gesagt, nach dem Motto Turnvater Jahns: Deutsches Weib, duld keine Schmach, wirf das Korsett dem Korsen nach! Sie bevorzugte diskret gemusterte Seidenstoffe und steckte ein Jabot oder eine Lavallière über einen Busen, der ehemals mit Alabaster verglichen worden war und nun, wie Antonie mehr offenherzig als geschmackvoll äußerte, abgebröckelt sei wie Gips.
Tante Antonie kujonierte einfache Bauernmädchen so lange und so gründlich, bis sie mit ihren Kochkünsten dem Chefkoch der Fürstin Bismarck den Rang abliefen.
Sie erwartete von ihrem Diener Andres, daß er das Silber mit Englischrot und dem Daumenballen poliere, eine probate, wenn auch veraltete Methode, und ließ sich von Andres den Beaujolais, wohltemperiert und wie ein Säugling im Körbchen liegend, servieren. Tante Antonie hielt sich mehrere Hunde von der Größe jüngerer Bären, schoß auf die ihr verhaßten Katzen mit der Pistole, trank Kognak zum Kaffee, überschwemmte die Pfirsiche auf ihrem Teller mit Kirschwasser, rauchte, wie erwähnt, Zigarren und verzehrte, zum Entsetzen neumodischer Nichten, Torte mit Hilfe des Dessertmessers.
Mit einem Wort, Tante Antonie war frivol, und frivol waren die Ahnenbilder in ihren Salons, vornehmlich die weiblichen; da die Herren nicht in ganzer Statur gemalt worden waren, brachte ihre durch die allzu eng anliegenden Hosen betonte Anatomie niemanden zum Erröten.
Aber die Ahnfrauen, die zeigten schamlos offen, was sie besaßen! Sie waren dekolletiert bis zum Nabel. Ihre Busen boten sich an „wie zwei Käsekugeln auf einem Teller“.
Tante Antonie lachte über ihren Vergleich aus vollem Hals. Es war ein Gelächter, das Ottilie schaudern ließ.
Im Verlauf ihres Aufenthalts im letzt verwichenen Sommer war Tante Ottilie zur Tat geschritten und hatte die provokanten Busen der Ahnfrauen unter Spitzenkaskaden der Sicht entzogen, Kaskaden aus weißer Ölfarbe.
Antonie hatte sich die in Büßerinnen verwandelten Ahnfrauen wortlos eine Weile betrachtet, hatte ihre Pistole genommen, war ans offene Fenster

getreten und hatte auf eine über den Hof schleichende Katze gefeuert.
„Blattschuß, Ottilie!“
Es war eine Haltung, die jeder weniger weltabgewandten Person als Tante Ottilie verdächtig erschienen wäre.
Das Jahr ging um, Johanni rückte näher, die Nüsse wurden grün und saftig, jedoch noch weich, gerade recht, um mit hölzernen Stricknadeln durchbohrt, gewässert, gesotten, gespickt – mit Zimt und Nelken – und schließlich in Sirup gekocht zu werden.
Und da reiste nun Tante Ottilie an, getrieben von dem zehrenden Verlangen nach einem Topf grüner, respektive schwarzer *Nüsse* in Zucker, der unentbehrlichen Grundsubstanz für ihren berühmten *Schwarzen Nußpudding.*
Tante Antonie empfing Tante Ottilie mit offenen Armen, half ihr aus der Kutsche steigen, reichte ihr den Arm mit einer Vehemenz, die den unter der Pelerine zum Vorschein kommenden Rosenkranz in heftige Schwingungen versetzte. Sie führte die liebe Ottilie über die Treppe, fragte besorgt, wie denn die Reise verlaufen sei, und öffnete einladend die Tür des Gastzimmers.
Tante Ottilie verharrte auf der Schwelle; tief gerührt blickte sie auf einen kleinen Hausaltar, vor dem ein grün gepolsterter – sichtlich neuer – Betschemel stand. Ein Brokatvorhang verhüllte das über dem Altar angebrachte Andachtsbild.
Tante Ottilie schmolz in einem Strom von Tränen dahin, eilte durch das Zimmer, sank auf dem grünen Samt des Bänkchens in die Knie und zog an der Vorhangkordel.
Der Brokat teilte sich leise zischelnd. Tante Ottilie blickte auf und in die mächtigen Züge des Reformators Martin Luther.

Wiener Guglhupf nach Frau Anna Sacher

Man rühre ein halbes Pfund Butter schaumig, füge löffelweise zweihundert Gramm Zucker hinzu sowie drei Eidotter und hierauf, eins ums andere, vier ganze Eier, stäube sogleich mit vierhundert Gramm Mehl ein Päckchen Backpulver ein, rühre sacht einen viertel Liter Milch ein und gebe die Masse in eine ausgebutterte, mit geriebenen Mandeln bestreute Guglhupfform. Dann backe man langsam bei guter Mittelhitze reichlich vierzig Minuten lang.

Der Guglhupf muß goldgelb werden. Man mache eine Probe mit Hilfe einer Strick- oder Spicknadel, um festzustellen, ob der Teig überall durchgebacken ist.

Der echte Kirschenplotzer auf Schwarzwälder Art

Man weiche drei Brötchen in Wein ein, drücke sie gut aus; rühre ein viertel Pfund Butter schaumig, füge sechs Eidotter hinzu sowie ein viertel Pfund Butter, ein viertel Pfund geriebene Mandeln oder Haselnüsse, einen knappen Teelöffel Zimt, dreißig Gramm geschnittenes Zitronat, Saft und Schale einer Zitrone, das gut verrührte Brot, endlich ein Pfund frische oder eingekochte Kirschen (mit den Kernen!), ziehe zuletzt vorsichtig den Eierschnee unter und fülle die Masse in eine mit Butter ausgeschmierte und mit geriebenen Mandeln reichlich bestreute Tortenform, backe den Plotzer bei guter Mittelhitze eine Stunde, bestreue ihn mit Zucker und serviere ihn warm.

Schwarze Nüsse

Um den Johannistag, Ende Juni also, pflücke man ein bis zwei Pfund grüne, unreife Nüsse. Dies getan, ziehe man vorsorglich Gummihandschuhe an, ehe man mit einer hölzernen Stricknadel jede Nuß mehrmals durchsticht. Danach gebe man die Nüsse in ein großes Einmachglas und bedecke sie mit Wasser. Zehn Tage lang hat man von nun an das Wasser über den Nüssen zu erneuern; um diese Zeit zeigen sich dann an den Nüssen große schwarze Flecke oder Verfärbungen; jetzt lege man sie in eine Messingkasserolle und koche sie etwa zehn Minuten lang. Man nehme sie aus dieser stark riechenden, schwärzlichen Brühe, lasse sie abkühlen und beginne, sie mit Nelken und kleinen Stückchen Zimt zu spicken. Wiederum sind Gummihandschuhe zu empfehlen. Dann koche man dreiviertel Pfund Zucker in etwa einem Liter Wasser, bis sich ein zähflüssiger Zuckersatz bildet, lege die Nüsse hinein und koche sie langsam in dem perlenden Saft eine Viertelstunde lang. Worauf man sie heiß in ein Einmachglas füllt, mit einem in Schnaps getränkten Papier bedeckt und mit Cellophan zubindet.

Nußpudding

Man weiche zwei Brötchen in Milch, drücke sie gut aus und knete sie zu einem Teig. Dann rühre man ein viertel Pfund Butter, ein viertel Pfund Zucker, ein viertel Pfund geriebene Mandeln, eine Tafel geriebener Schokolade und sechs Eidotter schaumig, füge die aufgeweichte Brötchenmasse hinzu und mische sechs in Scheiben geschnittene „Schwarze Nüsse" darunter. Zuletzt gebe man den Schnee der sechs Eier behutsam unter die Masse, fülle das Ganze in eine gebutterte, mit geriebenen Mandeln ausgestreute Puddingform und koche den Pudding im Wasserbad eine Stunde. Man stürze den Pudding auf eine Platte, lasse ihn auskühlen und garniere ihn vor dem Servieren mit Schlagsahne.
(Für sechs Personen.)

Bildverzeichnis

Bildquellen: Archiv für Kunst und Geschichte, Berlin: 21, 43, 50, 85, 92, 98, 99, Umschlagbild. Archiv Gerstenberg, Frankfurt/M.: 60, 66, 102. Historia-Photo, Bad Sachsa: 87, 95. Staatsbibliothek, Berlin: 11, 19, 26, 74, 75, 77, 81. Zeit-Bild, Archiv Maiwald, Garmisch-Partenkirchen: 13, 17, 31, 33, 35, 36, 37, 38, 45, 49, 56/57, 71, 77, 101.